陈默 著

家有小学生

给烦恼父母的实用秘籍

JIAYOU
XIAOXUESHENG

序

"图书市场上的育儿书籍及家庭教育类图书汗牛充栋,为什么你还要挤进去?"我曾这么问陈默老师。她说:"因为我遇到的家长总是问我,有没有一本可以拿来就用的书。"

父母们需要什么?需要具体、可操作的方法。无论理论有多好,父母做得到、能做好才是关键。更何况,有时候这个理论与那个理论还自相矛盾。能让父母做得到、做得好是一门技艺,必须拥有长期实践经验,才能精通这门技艺,才能指导父母。

陈默老师已经有上万个小时的咨询经验,咨询对象绝大多数是儿童及青少年。在此基础上,她才敢说她了解学生需要什么样的父母、什么样的家庭教育,以及遇到问题时,父母应该怎样帮助自己的孩子。

这本书没有理论的堆砌,主要目的是让父母觉得这本书有用。一本书能做到有用就很不简单,这体现了一种自信,这种自信既来自陈默老师对儿童发展心理学理论的了解,也来自她长达二十几年的实践生涯。

小学生的家庭教育问题现在是一门"显学",多少父母为此烦恼不已。若能遇到好的指导,家长们就会在家庭教育上更自信。有句戏言,说"孩子一上学,家里就没好日子过了",这说明很多父母缺乏管理孩子的能力,迫切需要学会如何与孩子合作,如何与孩子和谐相处。当前的实际情况是:小学生的问题不容乐观,他们承受了来自家庭和学校的压力,但他们的年龄还小,很无助,需要父母的帮助,父母责任重大。

小学阶段是人生漫长求学之路的开始阶段,身心发展都处于关键期,父母责无旁贷,要保护好他们,让他们健康、愉悦地走好第一步。

华东师范大学
心理与认知科学学院教授

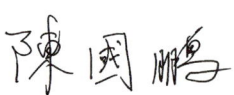

目录

第一章 关注孩子的情绪 /001

孩子经常精神萎靡 /004
当孩子开始嫉妒别人 /006
那些考试焦虑的孩子 /008
妥善应对敏感多疑的孩子 /010
孩子爱发脾气 /011
对所有人都很冷漠 /014
在学校里战战兢兢 /015
永远要做第一名 /017
在学校里太无聊 /019
总是做追随者的孩子 /021
希望所有人都最爱自己 /023
从不会约束自己 /024
深感孤独的孩子 /026
总是与其他孩子合不来 /027
稍受批评就痛哭流涕 /030

| 孩子开始和同学攀比 | / 031 |
| 父母打了孩子 | / 033 |

第二章 促进孩子的思维发展　　/037

上课注意力不集中	/ 042
课文总是背不出来	/ 044
要不要参加奥数训练	/ 046
计算总是出错	/ 048
如何让孩子爱阅读	/ 049
读不懂题外之意	/ 051
对学习英语没兴趣	/ 052
遇到难题就退缩	/ 054
如何平衡孩子的学习和玩耍	/ 056

第三章 培养孩子的学习习惯　　/059

让孩子有学习兴趣	/ 063
孩子从小就开始偏科	/ 064
幼小衔接对策	/ 066

孩子不积极举手发言	/069
做作业拖拖拉拉	/070
不会写作文的孩子	/072
父母要不要陪着孩子做作业	/073
孩子不肯做作业	/075
孩子不喜欢老师	/076
孩子不愿去学校	/078
考试前后父母该怎么做	/080
老师投诉孩子不守秩序	/081
不可以用钱来激励孩子	/083
如何恰当地鼓励孩子学习	/084

第四章　训练孩子的行为习惯　/087

怎样给孩子立规矩	/091
孩子早上不肯起床	/093
让孩子自己整理书包	/096
让孩子按时上床睡觉	/097
放学回家后先做作业	/099
不催促就让孩子行动起来	/100

让孩子做事有始有终	/103
帮助孩子规划自己的时间	/104
成为有毅力的孩子	/106
孩子沉溺于电子游戏	/108
孩子不肯好好吃饭	/110
让孩子学会做家务	/112

第五章　鼓励孩子与同伴交往　/115

所有的孩子都可爱	/118
不能帮孩子挑选伙伴	/119
平等面对孩子的伙伴	/121
当孩子被人欺负了	/122
当孩子欺负了别人	/124
被所有小朋友排斥的孩子	/126
不受欢迎的孩子的交友特点	/128
班里有个特殊孩子	/130
孩子不爱出门	/132

第六章　塑造有良好品质的孩子　/135

让孩子成为有礼貌的人	/138

怎样让孩子不说谎	/ 139
能为别人考虑的孩子更受欢迎	/ 142
做不怕事、不惹事的孩子	/ 143
尊重公共秩序，培养合格公民	/ 144
会谦让的孩子有福	/ 146
培养守诺言、讲信用的孩子	/ 147
感恩教育怎么做	/ 149
"比惨"教育培养了什么	/ 151

第七章　处理孩子的异常情况　/153

孩子患了多动症	/ 157
改变孩子对立、挑衅的行为	/ 162
患非典型自闭症的孩子	/ 164
当心儿童癔症的发生	/ 166
孩子患了学校恐惧症	/ 168
从不在学校说话的孩子	/ 170
总在学校摸生殖器的孩子	/ 172
孩子患了抽动症	/ 174
对性萌生兴趣的孩子	/ 177

让左撇子有个愉快的童年　　　　　/ 178

有书写强迫症的孩子　　　　　　　/ 179

第八章　帮助孩子渡过心灵危机　/ 183

当孩子遭遇了可怕的创伤　　　　　/ 186

帮助孩子面对亲人的死亡　　　　　/ 188

当家庭出现重大变故　　　　　　　/ 190

父母要离婚了　　　　　　　　　　/ 191

留守孩子依然可以健康成长　　　　/ 193

被母亲抛弃的孩子　　　　　　　　/ 196

无奈转学的孩子　　　　　　　　　/ 197

老师要求孩子留级　　　　　　　　/ 199

孩子被摸了敏感部位　　　　　　　/ 201

永远缺席的父亲　　　　　　　　　/ 203

在学校里和同学打架之后　　　　　/ 205

经历校园欺凌事件　　　　　　　　/ 206

天天争吵的父母　　　　　　　　　/ 208

第一章

关注孩子的情绪

孩子有情绪压力的时候，往往无法用语言表达，通常你会看到他的行为开始出现问题，例如不肯做作业、不肯睡觉、上课不听讲、反抗父母的管教，等等。糟糕的行为往往激怒父母，遭到呵斥甚至打骂，而承受这一切的孩子，其情绪更加恶劣，行为更加混乱，从而导致恶性循环。

家庭教育最重要的内容就是关注并安抚孩子的情绪。一个孩子去上学，他就进入了一个小社会，他会产生压力，这些压力来自同伴、老师等。放学后孩子会带着这些情绪回来，却又无法或没有能力表达，需要父母仔细观察，去理解和体谅孩子。

孩子回到家后不作声，不做作业，或者发脾气，讲什么都不听，很有可能就是情绪不好。家长要看得懂，不要只纠正孩子的行为表现，要了解孩子行为背后的原因及情绪。

如果孩子把自己的情绪表达出来，家长一定要先接纳和理解孩子的情绪。不要去做分析和判断，说"你的这种情绪是不对的"之类的话。要告诉孩子："你很难过，妈妈知道了！""妈妈感觉到你很愤怒。"这种共情式谈话可以让孩子觉得自己得到了家长的支持。

其实，只要孩子的情绪被理解了，问题就解决了一半。

陷入抑郁或愤怒后,人做任何事情都难以保持良好的状态。孩子最常见的负面情绪就是恐惧,由于年龄小,他们不能分辨和理解眼前发生的事情,这些事情会有什么样的后果,因而常常会害怕遭到父母的责骂和同伴的攻击。一旦孩子处在恐惧中,他的感官的灵敏度都会降低,变得迟钝、愚笨,也就是"懵了"。

父母要注意,不要让自己的孩子处在恐惧中,更不应该自己制造孩子的恐惧。

一个孩子的幸福感并不来自宝马车、大别墅,让孩子幸福的事是:有一个可以给他挡风遮雨的家,一个可以疗伤的地方。孩子有能够理解他情绪的父母,当他受伤的时候,能够及时得到抚慰,他就是有福的。一个可以疗伤的孩子,他受的伤就不会积淀下来,而伤痕累累的孩子会出现心理问题。

现在有那么多父母,他们关注孩子的身体、学习,唯独不关注孩子的情绪,这样,孩子就难免出现问题。情绪方面的问题,会让父母在其他方面的努力都黯然失色,甚至毁于一旦。例如有一些学习成绩特别好的孩子,由于抑郁情绪而拒绝去上学,或者治疗一年半载后依旧休学或转学,这样的折腾和波折会让孩子消耗很大的能量,大伤元气。

当今的孩子对情感的要求非常高,但处理情绪的能力又特别差。情绪问题是非常突出的问题,如果一个家庭在孩子的情绪安抚上做得特别好,这个孩子就会既健康又阳光,心胸开阔,人际关系良好,人生之路就会走得更平顺。

孩子经常精神萎靡

有一些孩子平时闷闷不乐,没有精神,在学校里做什么都没兴趣,学习成绩也不理想。父母往往非常烦恼,因为弄不清楚孩子是怎么回事。是不舒服?或者不开心?还是不喜欢去学校?搞清楚原因,才能够对症下药。

对于常常精神萎靡、闷闷不乐的孩子,父母要做的是:先查看孩子是否有贫血、甲状腺功能减退等生理现象,如有,就应该及时寻求医学治疗。

排除了生理因素后,孩子精神萎靡、闷闷不乐最大的可能是长期压抑所致,通常孩子身处下列几种心理环境中可造成精神萎靡:(1)父母不停地挑剔或提出各种要求,使孩子没有自信;(2)有同性别的、各方面优于自己的兄弟姐妹,从而承受无形的压力;(3)长期未获得学业成就,学习能力低下,成绩排名靠后,反复遭受老师的指责和打击;(4)身处孤独的环境中,父母不在同一个城市生活,或者虽在同一个城市里生活但不陪伴孩子。

如果是第一种情况,请父母回想一下自己小时候是不是也经常被爸爸妈妈挑剔、指责,反思自己是否直接从上一代那里继承了育儿的模式,自己的言行是对上一代的教育方法不满的投射。父母需要换位思考,将心比心:想象一下,父母讲的那些挑剔孩子的话,换成别人对自己讲,会有何感觉?不要试图去要求孩子,要求就是阻力,更何况那些要求未必

是合理的。人可以对自己提要求，但最好不要对别人提要求，哪怕是你的孩子。

如果是第二种情况，父母一定要学会不在老大面前表扬或批评老二，也不在老二面前表扬或批评老大。这是有两个孩子的父母的基本技巧。两个孩子若有强弱之差，更应该关注能力弱的孩子的感受。在家庭结构上，两个孩子是最容易互相影响的。

如果是第三种情况，父母要做的是：弄清楚孩子学习成绩差的原因。学习成绩差往往有两类原因：一类是原发的、由于神经功能轻微障碍导致的学习技能的低下。这类孩子从一年级起就学习差，有的还有读写障碍。如果孩子是这类原因导致的学业不良，父母要格外有耐心。每当孩子回到家都要给予安抚，他不是不愿做，是怎么做都达不到标准。给孩子足够的鼓励，告诉他，他是有潜力的，慢慢会好起来、会赶上的。当然，更多的孩子成绩差的原因是来自心境的变化、环境的各种不利影响，需要父母去找到环境中什么不利因素导致了孩子心绪不佳，难以投入学习。等到孩子学习成绩提高了，低落的情绪也会好转。

如果是第四种情况，孩子会长期处在沮丧当中。父母长期不陪伴孩子，让老人或者保姆带孩子，会造成孩子这样的认知：我在这个世界上是不重要的，我妈妈的工作比我重要，我的到来妨碍了我的妈妈，我是一个累赘。一个孩子认定了自己是妈妈的累赘，他就不可能有动力前行。妈妈要让孩子知道他是自己的宝贝，对妈妈来说，没有什么比孩子更重要了。虽然一时不能陪伴，但是一定要向孩子传达这类感受。

情绪不佳、萎靡不振的孩子，父母及老师很难唤起他的探索欲望和求知精神。即便是玩，他也没什么兴趣。而孩子的情绪深受成人影响，如果父母总让自己的孩子萎靡不振，他们就不是好的父母。

当孩子开始嫉妒别人

成人往往觉得，孩子的世界非常纯真，成人世界中的妒忌、猜疑与孩子无关。但这并不是真的，孩子也会经历各种挫折，也会萌发妒忌、敌对、猜疑等负面情绪。

什么样的情况会引发孩子的嫉妒心呢？（1）在学校里，老师经常在孩子们之间做比较，或者有意识地让两个孩子互相竞争；（2）父母反复在孩子面前讲自己内心欣赏的孩子是什么样的，或者别人家的孩子如何如何，这样，当孩子不断听到父母口中的"好儿子""好女儿"时便会心生嫉妒；（3）自己得不到的东西被别人得到了，比如想当班长，老师或同学却选了另外一个孩子。

如果一个孩子经常讨论另一个孩子，或者经常批评其他孩子的言行举止，父母就应该知道孩子在嫉妒别人了。

嫉妒之心与生俱来，但是妒火中烧会让人失去基本判断

和理智,做出伤害别人的事情来。父母要教育孩子,人类最基本的形态是合作,竞争绝不是目的。在原始森林里,人没有尖嘴没有利牙,靠什么生存?——合作。一头野牛来了,年轻的帮助老人,壮的帮助弱的,你从前面包抄,我在后面拦截,才能抓住野牛,让部落生生不息发展下去。如果人只有竞争状态,那人类早就不存在了,所以要学会合作,不能一味与同学竞争。可以启发孩子,想想有什么事可以和同学一起合作。

至于常常把"某某父母的孩子如何如何好"挂在嘴上的父母,请想一想,如果哪一天你的孩子回到家对你说:"妈妈,我可羡慕我的同学王小明了,因为他有个又漂亮又贤惠的妈妈。"此时你会有什么感想?若真的思考这个问题,自然就不会天天念叨"别人家的孩子"。

一个孩子想当班长的欲望太强,没当上,自然嫉妒那个当了班长的同学,恨不得他走路摔个大跟头。父母面对孩子的嫉妒,不要跟孩子说,"这有什么稀奇的,学习成绩才是最重要的"或者"不当更好,可以省点时间学习"。这种话不可能消除孩子的嫉妒心,你可以对孩子说:"如果他各方面都不如你,别人不会选他。他身上一定有优点是你没有注意到的,想想看,那些你没有注意到的优点是不是恰好是你缺失的?虽然没当上班长,但通过一次选举发现了自己没有发现的问题,那不是很值得吗?"父母若注意引导,孩子自然会从妒忌中发现自己的弱点,进而正确看待自己和他人。

所以世界上没有绝对的坏事,任何事都具有两面性。

那些考试焦虑的孩子

平时学习成绩挺好,但面临考试就会紧张不安、失眠头疼、脸色难看、浑身冒汗、频频小便,甚至在考场上发呆,或者考试时手发抖,字都写不成。这是考试焦虑所致,孩子压力过大往往会产生考试焦虑。

考试焦虑的孩子在生理和心理上均有异常表现。生理上的问题包括头痛、胃痛、常发烧等。有一些孩子平时成绩不错,但一到大考就失败,这和孩子的考试焦虑有关。一旦孩子过度焦虑,就一定会影响成绩。小学生考试焦虑是因为什么引起的呢?原因之一是班主任在孩子面前反复提及考试,强调考试的重要性,或者通知父母对孩子的学习加强监督。孩子被严肃的考试气氛包围,心理防线被冲破,变得焦虑不堪。除学校里老师施加的压力外,家庭压力也是孩子焦虑情绪的重要来源之一。如果妈妈在孩子考试前就处于临战的状态,三句话不离考试,陪孩子复习到夜里十点,或者反复要求孩子一定获得优秀的考试成绩,那么她的焦虑情绪就一定会传递给孩子,使孩子压力过大。

这个世界上所有孩子生来就会讨好母亲,为母亲牺牲,但凡母亲想要的,孩子总会努力争取。如果妈妈希望孩子成为优等生,每次考试都得到优秀的成绩,默写全对,算数永不出错,孩子便会满脑子想着学业问题,期盼满足妈妈的心愿,看到妈妈的笑脸,从而压力越来越大。而当"100分"成为孩

子遥不可及的理想,如何努力都得不到好的结果时,孩子对考试这件事就会产生恐惧、不自信和厌烦。

在这种情况下,想要消除孩子的焦虑,只能从解决妈妈的焦虑开始,深入分析妈妈焦虑的原因。通常有这样几种情况:妈妈有虚荣心,希望能在同事面前炫耀孩子的高智商;妈妈有歪曲的教育理念,始终信奉"赢在起跑线上"这句话;妈妈具有错误的价值取向,觉得学习成绩是验证孩子能力的唯一指标。妈妈们要明白,孩子的成长是需要父母耐心等待的。有好的教育心态,你的孩子将来就有持续发展的可能;笑在前面不等于笑到最后。

当你的孩子在小学阶段数学学习不如同桌,语文学习不如前排同学,英语学习不如后排的同学,怎么比都不如周围人时,妈妈应该保持冷静、平和的态度。要知道,一些孩子初期表现很平常,到初中阶段开始发育后才逐渐发力,有些甚至到研究生阶段才脱颖而出。

我曾经接触到一个案例,这个孩子小时候是个典型的多动症儿童,六年级毕业时分数全班倒数第二,可到大学后就成为公认的研究型人才。他的妈妈非常有耐心,看淡成绩,把孩子的自信心保护得非常好。每次开家长会,老师都会留下这位妈妈,批评孩子的成绩和课堂行为,而这位妈妈都会"袒护"自己的孩子,让老师多给孩子一些时间,让孩子慢慢成长。要想让孩子淡定地看待考试,安心学习,妈妈们一定要解决自己的焦虑问题。

正确的做法是,避免在孩子面前过多地提"考试"这两个字和逼迫孩子长时间地复习。要让孩子以一颗平常心对待考试,告诉孩子考试是对老师教学的检验,并不是智商测试,不需要如临大敌。另外,父母要帮助孩子建立正确的认知,告诉孩子在学校里学习和考试是求知过程,要在这个过程中探索自己的兴趣所在,发现自己内心真正的需求,而不是一味地追求高分。在求知的过程中发现自己是谁,愿意成为谁,这才是学校教育的价值,也是我们要传递给孩子的信念。

妥善应对敏感多疑的孩子

有些孩子敏感多疑,会"拉帮结派","你和我好就不能和别人再好",或者互相猜忌,"你昨天是不是故意没理我"。这样的孩子,其人际交往往会遇到麻烦。

敏感多疑的孩子心胸狭隘,非常在意他人对自己的看法,在和朋友聊天的过程中爱捕捉别人对待自己态度变化的信号。他们习惯在人群中设定一个敌人,或者在内心虚拟出一个敌人与自己比较,常因此感觉受到伤害、心情低落。

孩子的这种行为与其天生气质以及父母的教养息息相关。如果孩子有一个喜欢挑拨离间、做事鬼祟、小心思多的妈妈,那么孩子也容易变成一个爱猜忌的人。比如妈妈老问鬼祟的问题:"上次她过生日你送给她很多礼物,这次你过生日,她送给你什么礼物?""老师是不是特别喜欢她?"这种问

题会引导孩子去比较和猜忌自己的朋友。

一个总是怕自己孩子吃亏的妈妈教育出的孩子会处处防范别人,对他人难以信任。

这样的孩子经常在他人面前手足无措、内心不安、表情僵硬,无法自然地与其他人相处,也会让别人觉得别扭。人们通常愿意与热情洋溢、自然大方的人相处,回避或远离那些不自然的人。久而久之,孩子内心受伤,总感到人际关系不顺利,心情抑郁,闷闷不乐。

如果一个家庭里爸爸心胸狭隘,整天跟孩子讲些鬼祟的话,那么孩子就容易小心眼、诡计多端。小的时候,这样的孩子可能显得比别人家孩子成熟,但长大后,在成人的世界里,他会一次次遭遇挫败,伤透心。

如果父母发现自己孩子比较敏感,更要注意给孩子提供积极的心理环境。父母要在孩子面前表现得心胸开阔、坦荡磊落,不要心口不一。可以跟孩子分享自己和好朋友交往的故事,让他明白,既可以与好朋友分享好事,也可以一起分担焦虑与忧愁,这样,孩子才不会敏感、猜忌。

孩子爱发脾气

脾气差,遇到一点小事就发火或者闹别扭,甚至号啕大哭,这样的孩子让人头疼不已。父母不能随着也发脾气,这是火上浇油,要展现智慧,冷静对待问题。

孩子常常发脾气，往往由以下原因造成：

一是被家庭成员过分关注，二十四小时被监控。尤其是家中有退休的爷爷奶奶或者外公外婆，再加上父母，形成四个以上的成人看护一个小孩的局面。孩子的衣食住行被二十四小时监管和照顾，没有自己独处的时间。

想象有一对正在热恋中的情侣，女朋友时刻监督自己的男友，一个小时不见就发消息询问情况，"在忙什么啊""想我了吧"，是不是挺烦人的？同样的道理，孩子在被高度关注时也会有烦躁不安、不耐烦的情绪。

这种"4－2－1"（爷爷奶奶＋外公外婆—父母—孩子）结构的家庭要这样做：父母下班回家后，老人就退出对孩子的管理。老人首先是帮助者，责任人来了，帮助者就应该退出。晚上一起吃饭，也是"三对二"的对话形式，即老人不参与三口之家关于孩子的话题。周末老人应该放假，有自己的生活内容。这样就可以减少被高度关注而引起的发脾气问题。

二是孩子的思想不被父母理解。当父母总是曲解孩子的话，或者根本不明白孩子要表达的情绪和想法，无法和孩子顺畅沟通时，孩子自然会着急、发脾气。

父母不能理解孩子的意思，往往与父母没有静下心来听孩子讲话有关。孩子年龄小，表达自己的意思时常常词不达意，有时颠三倒四，特别是一些小男孩，语言能力没有同龄女孩强大。父母要有耐心，认真听他们讲话。

孩子一发怒，父母也随之发怒是最不可取的。这是火上浇油，火只会越烧越大。可以跟孩子说："你能不能再说一

遍？我可能没有听明白你的意思。"这样孩子就不会乱发火了。

三是孩子无法控制自己的情绪。神经功能弱的孩子捕捉外界信号的能力差，在和他人交往的过程中，常会"漏听"重要信息，造成反馈不及时或不准确，导致双方误会及沟通不畅。比如，在玩耍时，以拍打别人头部的方式邀请小伙伴加入自己的游戏，不知道自己伤害了小伙伴或者无法感受到小伙伴对这种邀请方式的厌恶。孩子容易沉浸在自己的世界中，当别人违反自己的游戏规则时就会烦躁和发脾气。这种情况虽然在人群中发生的比例不高，但是问题严重，需要父母及时请教医生以及专业的心理老师。首先要给孩子明确的诊断，对其进行评估，确定孩子的行为是否源于神经功能问题（如阿斯伯格综合征、多动症）。除了医学上的干预，父母可以做的是：当孩子发脾气时，不要对孩子讲道理，可以紧紧抱住孩子，轻轻拍孩子的后背，直至孩子安定下来。

平时面对这样的孩子，只能以柔克刚，避免和孩子正面冲突。当孩子出言不逊时，应当理解孩子的问题所在，知道孩子缺乏共情能力，尽量不要严格约束孩子（会使孩子暴怒）。

更加积极的办法是：父母经常训练这类孩子理解他人的能力，角色扮演就是不错的方法。父母可以隔三岔五地与孩子玩角色扮演的游戏，让孩子体验别人攻击他时的感受，从而理解他攻击别人时别人的感觉。

也可以经常给孩子提供情感类的文学作品，或者动漫作品、电视剧，跟他讨论这些作品中人物的内心感受，以提高他的共感能力。

父母的训练不会立竿见影,但是会有积极的作用。

对所有人都很冷漠

没有人天生冷漠,冷漠的孩子往往有一个同样冷漠的家。他们的成长过程更坎坷,更需要温暖与理解。

对所有人都很冷漠的孩子通常情况下都生活在冷漠的环境中。比如,孩子不受继母的待见,不被疼爱,在家中没有话语权,常被冷落。还有的孩子父母经常出差,家中少有人来往,缺少玩伴。也或者家中有一个同性别的兄弟或姐妹,而自己是相对不被长辈疼爱、不被关注的那个。追溯到幼儿时期,我们还会发现那些冷漠的孩子在很小的时候就被送入托儿所,而托儿所中孩子很多,老师照看不过来,孩子会产生被忽视、被抛弃的感觉。最严重的一种情况是,孩子有自闭倾向,不愿和别人交流,语言能力和人际交往能力发育迟缓。

冷漠是内心感到恐惧后关闭了情感通道,以减少外界对自己的伤害的表现。一个情感冷漠的孩子往往面无表情,有时遇到让人十分痛苦的事,都不会有情感上的表达。

不管是上述哪种原因造成了孩子情感冷漠,父母都要高度重视,趁着孩子还处在小学阶段,还有发展和变化的机会,采取干预措施。具体的做法是:妈妈每晚临睡前坐在孩子

床边陪伴片刻,让孩子睡前内心宁静、解除恐惧。妈妈也可以学一套小儿按摩术,临睡前给孩子按摩一下。周末的清晨可以让孩子睡到父母的床上,让他躺在父母的中间,使他感受到来自父母的温暖。很早就随父亲生活的单亲家庭的孩子,就由奶奶或者外婆或其他可能的人承担妈妈的角色。

继母该怎么做?继母要告诉孩子,你喜欢他的亲生妈妈。因为一个人的妈妈是神圣不可侵犯的,当孩子的妈妈不在身边,若有人说他妈妈的坏话,他会非常恐惧,会拒绝和人交流。继母要知道,你代替孩子的妈妈去爱他,又为他的亲生妈妈说好话,过几年这个孩子一定知道,你做的事多么伟大。他长大后会同样爱你并善待你,你付出的爱不会没有收获。

一定要让孩子笑出来,会哈哈大笑的孩子不会冷漠,也才会有健康的人格。

在学校里战战兢兢

有的孩子在上课的时候总是战战兢兢,比如老师请他回答问题,他总是退缩或者声音颤抖;老师让他上台发表演讲,他总是拒绝;老师若批评他,他就更害怕了。

出现这种情况,第一种可能是父母及家里人对孩子保护过度。有些家庭对孩子的保护网不是一层,而是两层,甚至多层;不是一代人,而是两代人,甚至三代人。孩子无论走到哪里,都有人跟着;做任何略有危险的事情,都会被人阻拦,导致孩子每时每刻都生活在保护中。尤其是女孩子,对她的保护无微不至,生怕有疏忽。被家庭过度保护的孩子,一旦走到家以外的地方,一旦走到同龄人群体中,就会觉得自己没有能力应对互动,没有办法表达自己。这些孩子平时在家人的严密保护之下,现在独立站在别人面前,就退缩了。

如果是这种情况,就需要父母有意识地减少对孩子的保护。这不仅仅是行为上的,还是心理上的。如果父母在内心深处依旧觉得孩子应该被保护得严严实实的,即便没说什么,孩子也会感觉到父母之意。所以,父母要放下对孩子的强烈保护心理。孩子也是人,他要舒展自己,要有自己的表达。从另一个角度来看,保护也是一种限制,会成为孩子发展的障碍。

第二种可能是,家里有个过于严厉的爸爸或者妈妈,总是训斥孩子、约束孩子,让孩子看到父母就害怕。如果孩子从小就惧怕父母,就等于头上有片阴云时刻跟随,养成了在权威人士面前的退缩感和无能感。等到了学校,在老师面前也会像在父母面前一样,过于胆怯。

如果你的孩子属于这种情况,父母就要努力改善亲子关系。过于严厉对于孩子是不可取的,孩子需要的父母是,既给孩子制定一定的规则,又全心全意地爱他。必须让孩子体会到父母对自己的爱。

第三种可能是,孩子身体条件差,经常生病,在体育课及其他课上总是没有体力完成活动,和其他孩子比相形见绌。

这样的孩子就会觉得别人是强的,自己是弱的,在学校里就会战战兢兢。哪一天老师对他提出什么要求,或者需要他在别人面前表现自己的时候,由于自卑,他们会胆怯、退缩。

对于这类孩子,父母在心理上要给予正面的、强有力的支持。越是身体弱,越是要增加心理上的力量。父母可以告诉孩子:现在你身体是弱一些,但是你会长大。等到了青春期的时候,你会有一个长大的好机会,到时候你多吃多运动,一定会长成和其他孩子一样出色的人。

第四种可能是,班主任或者其他老师直接表达了对孩子的厌恶。如果老师表达了对孩子的厌恶之情,孩子就很容易在老师面前胆战心惊,生怕老师又投来厌恶的眼神。这个孩子上课也很难集中注意力,听讨厌他的老师讲课。

如果是这种原因,父母要与老师沟通,让老师明白,是自己的态度造成了孩子现在的状态。如果老师的态度改善了,表达了对这个孩子的安慰和支持,这个孩子很快就会改变。

一个孩子在学校里要有适应学校生活的基本的心理能量,不然的话,孩子在人群中就很难自在,也没法正常发展。

永远要做第一名

孩子在小学阶段就处处争先,表现得很要强,说明这个孩子的竞争感很强。但竞争感不等于竞争力,如果有人比他更强,他追不上,就会失去动力。

永远要做第一名的孩子其实很脆弱,内心也很容易妒忌别人,怕别人超过自己,或者怕自己赶不上别人。大家都知道,嫉妒会让人做出错误行为,会让人失去理智,导致不良结果。

孩子的竞争感这么强,与父母的观念很有关系。父母往往在育儿过程中表现得很功利,总是要求孩子受人欣赏、被人赞扬。父母在乎结果,势必会告诉孩子,赢了会有什么样的好处。孩子参与竞争,目的是得到某种好处,在这种观念的渗透下,孩子会习得竞争性的价值观。有些父母嘴上并没有如此说,但是心里如此信奉,也会不知不觉表现出来,在生活的点点滴滴中展露,孩子依旧会明白父母的意思。

这类孩子其实比一般孩子更脆弱,如果哪一天他参与了竞争,却得不到赞赏,可能就会放弃和逃避竞争。现在这种孩子越来越多,很小的孩子在幼儿园下象棋就不能输,一定要赢,这绝不是天生的,是家庭教育造成的。这种父母很在乎孩子在学校里是不是被老师表扬,是不是班里的前几名,在家里也会经常讲别人家的孩子如何如何,给孩子造成压力,让孩子内心深处渴望得到赞赏。

父母对小学生不应该做过多的评论,这个阶段孩子的自我意识还没有发育完备,还不能很好地了解自己的特点,他还有长长的未来。在未来发展的过程中,被塑造、被改变的可能性太大了。我们不要多评论孩子,也就是说,既不要天天表扬孩子,也不要经常批评孩子。父母如此,老师也要尽量如此。如果老师经常评论孩子是什么样的人,父母要介入,和老师谈

一谈，因为父母一定不希望小学老师决定孩子的未来。

功利性的父母往往在孩子考试后，根据孩子的成绩展露他们的态度。考得好就喜形于色，考得不好就板着脸，斥责甚至打骂孩子。父母对考试的态度容易造成孩子的竞争感，孩子知道父母对成绩非常在意，天然地会去迎合父母，拼命满足父母的要求。所以，孩子就会慢慢形成争强好胜的性格，这类孩子背后往往有手里拿着"鞭子"的父母，他不停地催促孩子，不停地"鞭打"孩子。等到某一天，孩子竞争不过别人，自信心就会土崩瓦解，会出现各种各样的问题。

小学生的父母要多多关注孩子的美好品质，表扬孩子的好行为，塑造孩子的健康人格和良好的自控力等。有好品质的孩子，将来一定是个各方面都表现出色的孩子。什么事情都是欲速则不达。小学生父母的首要任务是将孩子的底子夯实，有了坚强的地基，才可以盖起高楼大厦。地基不牢，房子盖得越高就越危险。

在学校里太无聊

有些孩子在学校里感觉很无聊，尤其是上课时，老师讲了一半他们就不想听了，会不由自主地动来动去，或者摆弄小东西，与同学聊天，扰乱课堂秩序。

在学校里很无聊的孩子，有一类是因为超前学习，早就掌握了老师要教的内容，所以坐在教室中很无聊。父母可能没有意识到，小孩子的学习兴趣是第一重要的，让孩子超前学习就会面临丧失学习兴趣这样的问题。这种情况下，孩子很难说服自己好好坐在教室里。父母应该做的不是让孩子提前学习，而是引导孩子，让孩子有兴趣在课堂上听老师讲。比如，提前和孩子谈一谈，问接下来要学什么，跟孩子说，这些课很有意思，学完之后知识可以用在什么地方，举几个简单的小例子，激发孩子认真听课的动力，这比提前把课文学完要好得多。这类孩子再怎么超前，也只有前两年具有优势，到了高年级，学习内容必须配合孩子的思维发展，就没法保持优势了。

还有一些孩子智商很高，超过常人，老师在上课时考虑的是大多数人的学习情况，这些孩子会觉得老师讲得太慢了，或者老师重复次数太多，他就会做小动作，看别的书。对于这类孩子，父母与老师确实需要因材施教。可以与老师沟通，让他们在学会课本内容后自己看书，学一些东西。父母可以在书包里放一些书，让他们自己阅读。超常儿童往往都有阅读习惯，从很小就开始读书。老师也要放心，不要过多干预这类孩子。如果严格要求这类孩子与其他孩子一样，他们会很无聊，去和其他人讲话，或者做别的事，反而会影响整个课堂。

有一些孩子上课觉得无聊是因为他们比较幼稚，还没有拥有小学生应该发展出的适应课堂的心理能力。他们总想去玩，觉得在教室里坐太久了。35分钟的课程对他们来说时间过长。这样的孩子进学校的时候很难甄别出来，等到开

始学习才会发现。每个班级都有这类孩子,尤其是在低年级。对于这类孩子,每一节课下课后要让他们充分玩耍,周末更是要充分玩,这样对他们在课堂上安静听课比较有帮助。因为他们认知上还不能真的理解在课堂上需要安静,行为控制也达不到要求,所以只能让他们充分玩,释放一部分能量,促使他们在课堂上更安静一些。

对待上课感觉无聊的孩子,首先要把原因找出来,然后根据不同情况,给予切实有效的帮助。当然,也有可能并不是孩子的问题,而是老师的经验不太丰富,讲课不符合小学生的特点,要么引不起孩子的兴趣,要么让孩子跟不上他的讲课,这会让孩子觉得上课无聊。若是这种原因,全班大部分孩子都会觉得无聊,老师的教学就需要调整。父母可以与老师做一些交流,没有经验的老师也可以请教有经验的老师。

总是做追随者的孩子

孩子总是听从别人的指挥,跟在别人后面跑来跑去,父母就会心里不舒服,试图干预孩子,让孩子独立自主,但这件事做起来并不容易。

总是做追随者的孩子,往往认知水平比较低,而指挥他的孩子常常认知水平高于同龄人。认知水平低的孩子判断能力也差,这会导致孩子不能决断,于是就跟着能够做决策的人跑东跑西。如果你的孩子属于这种情况,父母就要提高孩子的认知水平,最好的途径就是阅读。一个孩子大量阅读,认知水平一定不会低于同龄人。

还有一类孩子,他们的动作协调性比较差。小朋友们一起玩的时候,跑跳能力是非常重要的能力,跑跳出色的小朋友无形当中会成为领头羊,当他嘴上说着去某个地方,身体会快于行动,人已经跑过去了,跑跳差的孩子自然就跟在了后面,久而久之,就习惯了追随者的角色。在低年级,这一点非常明显。如果是这个原因,父母要给予孩子大量的动作训练,既要训练精细动作,也要训练大动作。周末不要带着孩子去上辅导班,要去公园跑跳。如果问题严重,还要带着孩子到专门的训练机构,在老师的指导下,用专业的器材训练各方面的能力。这样,他在人群中就不会老落在后面,成为追随者。

也有些孩子成为追随者,是因为他们内心很虚弱,没有力量,胆子小。这类孩子没有安全感,害怕别人不理自己,不与自己玩,因此不敢做主,缺乏判断能力、指挥能力,不具备领袖素质,自然而然就成为追随者。对于这类孩子,父母要多带他们参加户外拓展活动。现在有一些心理培训机构,在寒暑假会经常开展儿童的户外拓展活动,帮助孩子增加勇气、胆量,使孩子在人际关系中扮演新的角色。多参加这类活动,孩子可以在人群中变得自信、有力量。

父母要帮助孩子摆脱追随者的角色,平时多鼓励他们,听他们发表意见。这样容易让孩子形成自己的判断,提高他

们的决策能力。孩子容易做决断，就不会轻易被别人影响，丧失自主性。

希望所有人都最爱自己

有一类孩子总是希望成为核心人物，希望所有人都最爱自己。若做不到，就会很失落，甚至开始捣乱，用破坏性行为吸引大家的注意。

这类孩子是相当幼稚的，因为他们不了解每个人都有不同的想法。

他们为什么会如此？可能是因为他们在家里就处在自我中心的环境中，所有人都爱他们，集万千宠爱于一身。他们的父母往往有这样的习惯：家里人一起说话时总把孩子当成中心人物，大家议论的话题都是孩子。这个孩子不需要察言观色，不需要注意他人，只需要享受他人的关注，只需要感受他人对自己爱，这就形成了他人都会关注自己的认知。

到了学校，没有了这样的环境，孩子就不适应了。他们甚至会觉得在学校里没有存在感，会继续在学校里寻找同样的感受，让大家都注意自己。如果他人不注意自己，就会想尽办法捣乱，比如发出怪声、搞破坏活动等，让大家都注意到自己，让老师在全班同学面前点自己的名字。老师点自己的名，全班同学都看向自己，对他们来说就是一种关注，他们要的就是这样的环境。

这类孩子还有一个特点：当老师表扬他人，当他人成为中心人物的时候，他们会无法忍受，那是他们最难受的时刻。当这种事情发生时，他们就会惹事，把大家的注意力都吸引过来。这样的孩子会惹大家讨厌，他们既希望所有人都爱自己，又比较自我中心，从未表示过对别人的关心与爱，实际上，他们也很难有这样的能力。这样下去，他们会成为所有人都不愿意接近的孩子。

要改变这种状况，父母要从家庭中做起，不要让孩子处在中心位置，要促使孩子学会体验他人的情绪，了解他人的感受。没有人是宇宙的中心，每个人都有自己的想法。孩子会逐渐适应，之后就不再寻求所有人的关注。做不好的话，也许孩子就不愿意去学校了，他会觉得学校里的人都不喜欢自己，不关注自己。

父母一定要当心，这个问题涉及人格的健康发展。

从不会约束自己

一个孩子从来没有学会自控，不会约束自己的行为，就等于他从未明白，人身处某个环境时，需要与环境相适应。

当人身处集体中时，都需要遵守集体环境中特有的规则。孩子在长大的过程中，会自然而然地成长到可以把自己

控制好。但是在自控这个问题上,孩子之间的差异比较大。一些孩子的自控力比同龄人差很多,甚至比幼儿园的孩子都要差。这往往源于父母及家里人宠爱无度,家里不缺乏照顾孩子的人,几个老人一起照顾孩子,过度保护,什么事都替他做,孩子自己的能力得不到发展,处理事务的能力被剥夺。这样的家庭没有教育原则,也从不设定规则,总是让孩子超前满足、立即满足,孩子没有经受延迟满足的训练,所以从来没有培养出自控力。

一个没有自控力的孩子,一定与环境格格不入。大家会觉得他是个麻烦,是个会影响他人的人。有时候大家觉得他幼稚,有时觉得他傻,有时觉得他坏,总之,这种不会自控的孩子很难受人欢迎。

家里如果有这样的孩子,父母要给他一些训练,帮助他学会自控。延迟满足训练对培养自控力相当有好处。也就是说,孩子需要什么东西时,不要立即满足他。我们当然应该满足孩子的需要,但是当孩子提出需要的时候,我们可以有意识地让他等一等。比如,孩子看到同学有个漂亮的铅笔盒,也想要,妈妈可以答应,但是一周后才给他买了这个铅笔盒。要让他等待,并且要让这种等待和好行为联系在一起。"妈妈,我要买铅笔盒。"妈妈说:"好的,但是宝宝,你每次回到家都不穿拖鞋,总是光着脚走在地板上,现在天气冷了,这样做会不舒服,容易生病。如果你可以回到家就穿上拖鞋,我就给你买这个铅笔盒,我相信你能做到。"这就是将延迟满足与好的行为联系在一起,让孩子学会等待。

等待就是控制,不能等待的孩子立刻就会发脾气。让他等待,就要让他明白,想要有所得,就需要控制自己。训练一段时间后,他就会学会自控。

深感孤独的孩子

学校中有一类孩子常常情绪低落,深感孤独。他们明明很聪明,却没精打采,什么都不愿意做。

是什么原因造成孩子深感孤独?

可能是因为父母很忙,孩子一直生活在爷爷奶奶或者外公外婆身边,爸爸妈妈基本不陪伴孩子,有的时候甚至把孩子当宠物,有空了逗一逗,周末带出来玩一趟。这个孩子在爷爷奶奶或者外公外婆家里不被理解,老人是很难理解孩子的,父母不和孩子在一起,自然也不了解孩子的感受。这个孩子会觉得,周围的人都不了解自己。人的孤独感来自自己的内心不被他人理解。一个人即使置身于茫茫人海,只要内心不被人理解,依然会很孤独。

孤独的孩子有诸多特征:会莫名其妙地伤感,这种伤感是无端的,没有理由;或者什么也不想做,经常坐着发呆;睡觉前一个人躺在床上会掉泪;他还会缺乏动力,什么事情都懒得做,等等。比如,班里开始选小队长,他没有兴趣;老师让他当课代表,他也不肯干。凡是选举活动,他都不参加,因

为他缺乏参与的动力。这种孩子比较懒散,很少有笑容,没精打采,这与他的孤独感有关。

一个孩子很孤独,还会产生慢性抑郁。特点是:明明很聪明,但是学习成绩达不到应有的水平;明明很聪明,但是回避难题;明明很聪明,但是从不参加学校里的活动。如果我们发现了这种孩子,父母有责任专门找孩子谈谈心,让孩子与父母谈一谈在学校里的那些感受。父母如果听到了孩子的心声,一定要站在孩子那一边。由于不与孩子生活在一起,父母很容易陷入一跟孩子谈话就讲大道理的循环中。孩子很少能够与父母安心谈话,如果得到的还是说教或者训斥,就更回避与人的交流了。所以,父母要告诉孩子,虽然不能天天陪着他,但父母很愿意听他讲每天遇到的有趣的事情。不管这个孩子说了什么样的感受,哪怕父母觉得孩子的情绪是负面的,也要先站在孩子这一边,不然这个孩子以后就再也不愿意与父母谈心了。

要帮助那些孤独的孩子,让他们的心里照射进阳光。

总是与其他孩子合不来

一个孩子若总是与其他孩子合不来,父母要关注这个问题。与同伴的正常交往,是孩子人格健康发展的重要条件。

出现这种现象,第一种可能是这个孩子与其他孩子没有共同兴趣。有一些孩子有独特的兴趣，与别人不一样，比如有个三年级的孩子喜欢无人机，他与班里其他孩子就没法谈这个话题，因为他们不玩这个。孩子就觉得没劲，回到家会告诉父母，在学校里很没意思，其他小朋友说话很无聊。对于这个问题，父母可以让孩子找某个同学，和他聊聊自己感兴趣的话题，例如无人机。如果这个孩子对无人机没兴趣，可以请他到家里来，接触一下无人机，也许这个孩子慢慢会对无人机产生兴趣，那父母就给孩子培养了一个朋友，他们两个就可以经常在一起谈论无人机。他们两个谈得多了，其他同学可能会参与进来，朋友圈就扩大了。

第二种可能是，孩子的认知水平远远高于同龄人，所以总是与其他同学合不来。他想讨论的问题其他孩子根本没有考虑过，高智商的孩子常会面临这样的境况。还有一些见多识广的孩子，也会面临这样的麻烦。对于这两种孩子，父母可以在小区里给他们找一些朋友，比如邻居中年龄大一些的孩子，他们和大一些的孩子在一起会有共同的话题，也更合得来。这样孩子就不会认为自己与他人格格不入，他有理由告诉自己，他是可以与别人合得来的。

在学校里和同学相处时，父母可以告诉孩子：有时候两个人在一起玩是因为他们性格比较接近，比如都喜欢安静，未必一定要讨论一些感兴趣的话题。每个人都需要同伴，同伴常常是自己的同龄人，同龄人身上都有闪光的地方值得学习。即使没有共同感兴趣的东西，与同伴在一起依旧可以有所得。友谊的内涵很丰富，不仅仅在于大家都讨论同样的

话题。

第三种可能是，孩子以自我为中心，也就是说，他很幼稚，还没有摆脱自我中心，不善解人意，不了解别人的感受。有的时候在学校里表现得很自私，什么事情都是他最重要，从来不顾及他人。别的孩子都不愿意和他玩，所以他总是和其他孩子合不来。他不知道自己错在哪里，也没法改变自己。如果你的孩子属于这种情况，父母要知道，这是家庭环境造成的，孩子在家中一定处于中心位置，导致他需要一直体验自己是中心人物这种感受。如果体验不到，他就很难与周围人合作，就会捣乱，做出一些让别人注意到他的行为，比如说有损规则的行为。所以，要先在家里帮助孩子摆脱自我中心，全家人在一起的时候，话题尽量避开孩子，让他成为倾听者。倾听者会关注别人，会察言观色，而不是等待别人关注他。也可以告诉孩子，爷爷奶奶年龄大了，需要帮助，找些事情让孩子帮助爷爷奶奶。让他知道，家里没有中心人物，每个人都需要帮助，都是重要的。这样孩子可以渐渐摆脱自我中心，等到他善解人意之后，其他孩子自然就愿意与他相处了。

第四种可能是，孩子个性有缺陷，太敏感，和别人在一起的时候总是觉得别人不喜欢自己，或者总是觉得别人对自己有意见。这个敏感多疑的孩子经常板着脸，让人觉得他不开心，久而久之大家都不愿意和他在一起了。敏感多疑的孩子往往有一对敏感多疑的父母，父母常对孩子在外面的表现过度关注，回到家会反复询问孩子在群体中的表现，使孩子越来越敏感。父母自己要克服和扭转这样的行为,让孩子自由自在地在群体中展现自己。

父母常常很关注孩子的学习,但是对孩子的同伴交往并不在意。实际上,同伴交往可以体现孩子的人格特征,将来这才是他在社会上能不能成为一个受人欢迎的人的重要影响因素。所以,父母不可以忽视这个问题。

稍受批评就痛哭流涕

有的孩子像玻璃人一样碰不得,尤其是女孩子,被家里人保护得无微不至。到了学校里,稍受批评或者遭遇挫折就无法忍受,痛哭流涕。

这类孩子往往被过度保护。例如,小时候奶奶带女孩子到小区里玩,其他小朋友稍微靠近她,奶奶就会拦住,要保护她。长此以往,孩子就会形成这样的心理感受:我是脆弱的,是碰不得的。但是在学校里,老师和同学不会这样,有时候老师会批评她,孩子就受不了。如果这个孩子害怕老师的批评,往往老师刚一开口,她就先哭了起来,这样就会阻止老师后面的话。

还有一些孩子把哭当成武器。他在家里经常使用这个武器,从很小的时候就开始如此,屡试不爽。只要一哭,全家人都来安慰他;只要一哭,什么事情都好商量;只要一哭,原

先设定的规则全部打破；只要一哭，他的目的就能达到。哭有如此好的效果，这么好用，孩子当然会随时拿来用。在学校里也同样如此，当老师批评他的时候，他就用哭来保护自己。指望着自己一哭，老师也会害怕和妥协。有的老师当然会妥协，看到孩子号啕大哭就不再批评了，这样孩子进一步证实了自己的观点，认为哭很有用。

要解决这个问题非常简单——决不能让哭成为武器。以后不管孩子哭不哭，都不牺牲原则。哭丧失了作用，孩子也就不哭了。有的孩子在老师批评以后哭了，不管他是不是用哭当武器，哭完之后要继续与他讨论问题，要将没有讲完的话继续讲下去。不能因为他哭了，就停止这个话题；不能因为他哭了，就转移事情焦点；不能因为他哭了，就什么都不追究了。这样问题就解决了，不然的话，哭就成为永远的武器。

孩子开始和同学攀比

孩子回到家老谈论他的同学拥有什么样的玩具、文具，或者家里房子多大、有什么样的车之类的话题，父母就要重视起来。

孩子如果觉得自己的玩具或者文具和别人比差远了，总是对自己的东西不满意，总是在羡慕其他孩子的东西，父母就必须重视起来。

什么样的孩子容易出现这样的问题？家庭经济比较困难的孩子容易如此，这类家庭的父母不会花很大的财力为孩子购置很贵的用品，这个孩子看到别人的东西与自己的东西的差距，从而心生不满，回家发牢骚。他很艳羡别人的东西，强烈渴望也得到这些东西。在家里父母心里也不好受，每当孩子提起这类话题，总是不是滋味。

和同学攀比不是积极的事情，因为这会给孩子带来心理上的负担，让他感觉不自信，在人群中感到自卑，甚至躲避人群。我们不能视而不见，让他一直处于这种状态。

怎么帮助这类孩子？父母可以分散孩子的注意力，当孩子谈论此类话题的时候，父母转换话题，谈谈另外的东西，比如说说妈妈最近在学习什么，在看什么书，或者谈谈最近小朋友都在玩什么新鲜东西，让孩子的注意力分散。当然，这只是治标不治本。父母第一次转移注意力成功了，孩子却隔天又提起，这就没法转移注意力了，需要与孩子谈一谈。父母可以告诉孩子：玩具或者文具各式各样，有贵的，有便宜的，请问它们的基本功能是什么？比如，笔的基本功能就是书写，橡皮的基本功能就是擦拭。一块正方形的橡皮和一块做成老虎形状的橡皮在功能上没有区别，但是老虎橡皮比正方形橡皮贵，我们购买它们花的钱不一样，这个钱是花在形状上，而不是花在功能上。什么是更重要的东西？肯定是功能。买正方形的橡皮不失为一种聪明的选择，因为我们购买了功能。这样做父母还顺便进行了花钱的智慧的教育。培养孩子淡定地看待同学的家庭环境相对优渥这件事，培养花

钱的智慧,是父母智慧的体现。

父母还可以培养孩子阅读,一个大量阅读的孩子是有能力自我教育的,这样的孩子其认知水平也会高于其他孩子。当别人攀比的时候,爱阅读的孩子会觉得很好笑。

父母自己也要克服攀比的心理和行为。有些父母自身很虚荣,回到家经常攀比别人家的房子、车子,他的孩子自然就学会了攀比。父母首先要克服弱点,以身作则。

父母打了孩子

棍棒底下难以出孝子,请父母放下自己的棍棒,展现耐心与温柔,不再打骂、呵斥自己的孩子。

父母打了孩子以后,这个孩子内心往往很愤怒。他会觉得不公平——"你是大人你才能够打我",他甚至会想,"等我长大了就没人敢打我了"。内心愤怒的孩子还会把情绪发泄到其他人身上。他到了学校,也会去打其他人,在更弱小的同学身上发泄自己的愤怒。这里面的逻辑是:既然大人仗着比我大可以打我,我就可以打更小的孩子。

被打之后孩子可能会在一段时间内经常捣乱,在学校里出现行为问题。老师会向家长投诉孩子在学校里破坏规则,处处与人作对。这是因为他难以压抑愤怒的情绪,将其投射到其他人身上。

父母打孩子,还可能造成这个孩子很退缩,胆子变小,战战兢兢,什么时候都不敢冲在前面。父母的打骂打掉了孩子的自信心。在家庭教育中,父母打孩子是父母自己没有控制好情绪。强烈的恐惧会让孩子一辈子记住这一场景,永远不会忘记。父母打完之后,就得到了一个在学校里捣乱的孩子。所以打孩子其实效果很不好,容易有各种消极后果。

有些父母认为,体罚也是一种教育方法。体罚其实是惩罚的一种,家庭教育中当然可以有惩罚,但是惩罚一定要预先告知。因为有了预告,父母就不会失控,不失控就不会让孩子感到恐惧。比如,父母告诉孩子,不可以犯某个错误,如果犯了就要打十下手心。这个预告会让他心服口服,内心对父母是敬重的,因为他事先了解了犯错后果,事后实施惩罚,他认为是有道理的。既然是有道理的,就不会留下对父母的愤怒与不满,也不会出现问题行为。

假如父母真的失控了,已经打了孩子,错误已经犯了,怎么办?要弥补,就是要道歉。家庭教育中,道歉也是必不可缺的。父母不是神,也是人,凡是人就会犯错误,要让孩子知道,犯错误在所难免,但是犯了错之后要道歉。只要父母道歉,孩子很容易原谅父母。

例如,爸爸可以告诉孩子:"爸爸昨天比较冲动,没有控制好自己的情绪。你犯了错误之后,爸爸没有冷静下来想一想,你为什么会犯这个错误,应该怎样帮助你解决这个问题,而是用暴力来惩罚你,也许你心里会很愤怒,爸爸也觉得这样做是不对的。我以后尽量不用这种方法来解决问题,但是

你犯了错误这件事我们还是可以讨论一下的。那天你为什么会犯这个错误？犯了错误之后你是否也需要道歉？或者说，你已经明白了自己为什么会犯错误，有什么样的结果，以后会避免犯这样的错误，这就是爸爸想要达到的目的。"这样的交谈进行后，孩子的情绪会恢复，会把打孩子的负面影响降至最低。

第二章

促进孩子的思维发展

小学阶段正是儿童思维发展的关键时期，与学校教育一样，家庭教育对促进儿童思维发展有重要作用。

中国的父母对孩子的知识教育非常重视，但对孩子思维发展的促进并不在意，在意识上不够重视，在方法上缺乏指导，往往会错过孩子小学阶段思维快速发展的时期，很是可惜。

小学生的思维发展特点是：从形象思维向逻辑思维过渡，这种过渡要经历一个演变过程。

小学阶段孩子处在认知发展的具体运算阶段，其思维还依赖于具体内容。逐渐地，他们的思维会从以具体形象思维为主要形式向以抽象逻辑思维为主要形式过渡，思维主导类型在此阶段发生质变。这个转折的年龄在9—10岁，所以在小学三四年级，数学学习难度有了攀升。要想促进孩子的思维发展，父母首先要搞清楚此阶段孩子思维发展的特点，然后用一些行之有效的方法，给孩子提供刺激和训练。

一是概括能力训练。概括能力是小学阶段需要训练的能力，它是把握事物本质属性的能力。父母有意识地对孩子进行此类训练，会帮助他们提高思维发展水平。对小学生来说，一开始他们的概括能力处于直观形象水平上。对于事

物,他们只能在具体形象的层面上理解,如把词汇"有头有尾"理解成"人有头,但是没有尾巴,没有尾巴的就是人"。慢慢地,孩子的概括能力有了发展和提高,发展到形象抽象水平,既能理解事物的直观形象特征,又能理解其本质特征。这个思维阶段的孩子,他们能理解隐喻了,比如把"临渴掘井"理解成"渴了才想到来掘井,没有早做准备"。再后来,孩子的思维发展到初步本质抽象水平,此时他们能够摆脱具体情节,抽象概括出词的寓意,如将"一毛不拔"理解为"小气鬼"。

父母要有意识地训练孩子的概括能力,经常给孩子提供一些词汇并让他解读含意,让孩子更深地理解字词隐藏的意思,促进孩子概括能力的发展。

二是词语概念训练。小学阶段,儿童理解词语有一个从低到高的发展过程:从不能理解词语到理解其功用及具体特征描述,再到接近词语本质定义。在孩子还不能够理解词语的本质定义之时,父母不妨给孩子适当的提高训练,别担心他听不懂父母说的词,多提供刺激,孩子对词语的理解就能提高。我们经常看到,词语丰富、文化水平高的老人带大的孩子,与词语简单、文化水平低的老人带大的孩子,在词语理解和发展水平上颇为不同,其认知水平也不同。这说明家庭教育中丰富的词语刺激对儿童的思维发展有益。

三是推理能力训练。推理是由一个或多个判断推出一个新的判断的思维过程。小学阶段,孩子在演绎推理、归纳推理、类比推理上都会有所发展。

演绎推理的发展：一开始只能运用概念对直观感知的事实进行简单的演绎推理，然后发展到对通过言语表达的事实进行演绎推理，最后发展到自觉地运用演绎推理解决抽象问题。例如，"凡是老师都读过大学，王老师是老师，所以她一定读过大学"。

归纳推理的发展：归纳推理是从个别到一般的推理形式。比如让孩子把"9月1日小学开学，9月5日中学开学，9月10日大学开学"归纳成一句话"9月学校开学啦"，可以从中看出孩子的归纳能力。

类比推理的发展：它是归纳推理和演绎推理的结合，就是先从个别到一般，再从一般到个别的思维过程，比如告诉孩子"大和小"，他可以类比推理出"黑和白"。

父母要有意识地给孩子提供推理训练，经常给孩子出些推理的题目，平时也可以作为家庭游戏，全家一起来做，促进孩子推理能力的发展。在推理能力发展上，孩子之间的差异还是蛮大的，如果在推理能力发展的关键时期不给予适当的训练，有的孩子的这类能力就会发展得相对落后。

四是守恒概念训练。儿童对事物的认知不再因为事物的非本质特征的改变而改变，能够透过现象看清本质，把握本质的不变性。他们可以认识到事物的恒等性，能够可逆推理。

为了促进孩子守恒概念的发展，父母要经常告诉孩子此类知识。比如高杯子里的水倒入扁盘子里，虽然水面的高度不同，但是体积没有增加和减少。

五是促使孩子摆脱自我中心。自我中心阶段的儿童认识不到他人的表现和观点与自己不同，往往认为自己的想法就是他人的想法，也就是他们不会换位思考。父母要为孩子提供换位思考的体验，比如跟孩子做角色扮演游戏。

儿童的思维发展建立在儿童神经发展的基础上，注意力、记忆力是基本的心理条件。对于注意力、记忆力差的孩子，父母要早做干预，提供合理的营养和适当的训练，争取在儿童阶段让孩子的注意力、记忆力有所改善。同时也要理解这两方面的表现和孩子的情绪相关，当孩子情绪低落的时候，他的表现会受到影响。

小学阶段要重视孩子的思维发展，这是父母最应该努力的领域，千万不要忽视。

上课注意力不集中

总有父母和老师抱怨,觉得让一些孩子专心听课35分钟不走神很困难,让他们一气呵成地完成作业也近乎不可能。

小学生的注意力问题常常是让老师和父母头疼的问题。他们的神经功能没有发育完备,注意持久度比较差。但如果一个小学生难以集中注意力,这已使他无法完成学业要求的最低水平,如成绩始终无法达到标准水平(考试总不及格),这还是不正常的,可能存在注意方面的问题。

小学生注意力不集中可分为性质不同的两类问题。一类是原发性的,涉及孩子的神经功能。孩子的神经发育比较落后,他就会出现注意力品质方面的问题,例如注意的稳定性差,注意的广度不够。这类孩子在教室里上课时很少有专注的时候,或者专注的时间非常短暂。父母可以回忆一下,在婴幼儿时期,孩子是否常常出现浅睡眠、睡眠质量差等问题。也可以追溯到幼儿园时期,幼儿园的老师是否曾经告诉过父母,孩子的注意力不持久。

上课注意力不集中的孩子通常学习效果也差,往往学习成绩排在班级末尾。同时还会发现这类孩子记忆效果也差,常有前学后忘的情况发生。虽然孩子也在努力,但从来达不到老师的要求。神经功能弱引起的注意力的问题通常在孩子刚上小学时就会显现,父母要特别留意。假如孩子注意力

无法集中是神经功能方面的原因,父母最好带孩子去医院做专业的评估,看看孩子是不是有注意缺陷。如果医院评估出来,孩子有注意缺陷问题,父母要应对的不仅有教育方面的问题,还有营养和医学方面的问题,需要在专业医生的指导下进行训练和补救。若确诊你的孩子有注意缺陷,父母需要确立这样的心态:不要对孩子有过多和过高的要求,也不要坚持"孩子必须变成学霸"的执念。如果父母不能理解,觉得任何的教育和训练都能有作用,可以使自己孩子成为学霸,那么这类家庭的育儿将陷入灾难,如孩子厌学、脾气暴躁和夫妻互相指责等。试想,父母不停地逼迫孩子,孩子却因为做不到而不停反抗,这会形成什么样的局面就可想而知了。

另一类孩子的注意力不集中是由孩子的情绪问题引发的。需要父母注意的是,虽然孩子的注意力不集中不一定是由原发性的神经功能缺陷造成的,但仅从症状上来看,这两类原因是无法区分的。这两类原因的性质的确又是截然不同的,因此父母需要仔细评估。当一个孩子有情绪压力时,他通常会通过混乱的行为表达出来,即所谓的"心神不宁"。当孩子心神不宁、焦虑不安时,他一定不会淡定地坐在教室里听老师讲课。举个例子,一个孩子一直到小学三年级学习成绩都不错,可到了四年级,孩子的老师反映,这个孩子上课总是分心。原因是孩子的父母在闹离婚,孩子一直处在离婚的战争当中,他深受其害,情绪恶劣,其表现就是在课堂上无法认真听课。成年人也是如此,想象你刚和朋友发生争执,然后走进教室,你可以全神贯注地听课吗?此刻你的心情一定很差,也会无法安心学习。

如果孩子有情绪压力,父母要深究其因,从根子上解决问题。恐惧通常是孩子最严重的压力来源。最好的教育是尽可能让恐惧远离孩子。这类问题引起的注意缺陷是可逆的,当环境改善了,孩子就会改正。

注意力是思维的基础,没有很好的注意力是很难提高思维水平的。如果父母希望帮助孩子集中注意力,有以下训练方法:

一是训练孩子注意细节。注意力不集中的孩子往往难以注意到细节,因此父母在日常生活中可以提一些细节性的问题,让孩子注意到细节,比如:"宝贝,刚才见过的阿姨穿的衣服是配拉链的还是钉纽扣的?"

二是购买一些注意力训练教材,让孩子多加练习。市面上有很多提高孩子注意力的训练教材或玩具,父母不妨根据孩子的情况选择一些。在寒暑假,让孩子多玩、多训练。

三是下载相关软件,让孩子用电子设备练习。现在的孩子热衷于 iPad 等电子产品,父母可以下载一些提高注意力的训练题目或游戏,在孩子玩游戏的同时改善其注意品质。

课文总是背不出来

有些孩子背书非常困难,花了很长时间,背了一遍又一遍,还是背不出来,父母也为之苦恼,却搞不清楚原因。

孩子背不出课文,这个问题同样涉及思维的基础条件——记忆力的问题。孩子背不出课文可能存在两种原因。

第一种原因是孩子的记忆品质差,比如记忆的持久性差,孩子总是背过就忘或没几天就忘得一干二净,这是孩子神经系统功能弱的一种表现。没有母乳喂养过的孩子有时会出现这种现象,往往这类孩子的注意品质也比较差,属于原发性的神经功能问题。要改善孩子的原发性问题,就需要父母采取综合手段,营养、医学治疗和教育三管齐下,在孩子身体发育的阶段,始终给予优质营养和利于身体发展的环境。说到营养,我碰到不少父母会来咨询:"陈老师,我买的这个营养品(或营养药)是帮助提高记忆力的,你看对孩子有没有帮助?"其实世上本无聪明药,只是商家打着"让孩子更聪明"的旗号,过度包装和渲染罢了。有利于孩子提高记忆力的是好的蛋白质。

第二种原因便是孩子的心不在背书这件事上。如孩子想出门玩耍,或者孩子很疲劳、心情低落,再或者孩子过度担心成绩,这种时候孩子的记忆力往往会受影响,就会出现背来背去背不会的情况。小学生通常不会主动背书,需要父母时刻督促,而有些父母教导的时候只考虑孩子背书的结果,按照自己的意愿命令孩子背书写字,甚至发怒动手,忘记观察孩子的情绪变化。如果孩子情绪不稳定,父母硬逼他背书,便会适得其反,使孩子产生抗阻心理,再也不愿背书。当孩子的心不在读书上,即使父母让孩子重复抄写、背诵50遍或100遍课文,也只会以失败告终。

如果你的孩子的记忆力差,而他的情况属于第一种原因,建议父母抓紧时间带孩子到医院做评估,听取专业医生的指导意见,在营养和训练上下功夫。记忆力训练的方法很多,可以适当选取一些,坚持训练是会有效的。至于神经功能的改善,无非是营养和刺激两个方面。营养要保证,要咨询医生多提供哪类营养。而训练就是刺激,大量的训练就是大量的刺激,通常会有一定的效果。这种训练年龄越小开始越好,如做数字记忆游戏、让孩子复述童话故事等。

如果你的孩子的记忆力差是属于第二种原因,就要关注孩子的情绪,让他适度休息和放松。要理解孩子,倾听他的话语。状态好了再来背课文,事半功倍。

要不要参加奥数训练

奥数背负了无数指责,却被父母追捧,热度不减。每个周末,大批孩子穿梭在奥数训练班中,将大量时间花在解题训练上。

如今,大城市里的孩子几乎全员参与奥数训练了。奥数训练对逻辑思维发展有一定的帮助,但在孩子的发展过程中,实际上不管哪一类学习,都能积极促进思维发展。比如画画、讲故事等活动,它们和奥数训练一样,对思维发展有促进作用。问题在于,促进了逻辑思维发展,并不意味着也能

促进形象思维发展。

现在父母让孩子参加奥数训练的目标是拿奖,获取奥数比赛的证书,以此来敲开重点初中的大门。这样做使得不管哪种类型的孩子,都被迫挤到奥数班里去,但大多数孩子都难以获得奥数竞赛奖项。

获得奥数竞赛奖项是有难度的,只有自身逻辑思维强又受过训练的孩子才可能胜出。大部分孩子即使经过奥数训练,成绩仍然落后,不但得不到奖状,自信心还受到严重打击。没有达到父母的期望,会让孩子沮丧。全员参与奥数训练还反映出父母过度焦虑。很多父母认为只要上了奥数班,孩子就能考上好中学。有些学生苦不堪言,甚至对学校里的数学课产生抗拒心理,厌恶数学,可谓得不偿失。

奥数训练还可能浪费孩子其他方面的天赋。有些孩子天生在绘画、舞蹈、写作或者音乐上的天赋略胜他人一筹,可父母却在关键培养期把孩子送去学奥数,最后捡了芝麻,丢了西瓜,不仅奥数学习成效不佳,孩子的其他天赋也给浪费了。

每当有人提醒父母,你的孩子没必要去参加奥数训练,总能听到父母说:"我们是不想去学,可是小升初一定需要奥数成绩呀!"这种"小升初时奥数成绩是入学选拔标准"的言论,往往是以讹传讹,道听途说。若问一对父母,请他们确切地说出哪所学校的选拔是这样做的,他们就会说是听说的,或者只能说出某一所学校是需要用奥数成绩来敲门的。他们的孩子就非得进这一所学校,一座城市也就这一所学校值得孩子去？其实很荒谬。

在孩子是否需要参与奥数训练的问题上，父母要根据自己孩子的学习情况做出判断。衡量尺度是判断一下对于自己的孩子，奥数训练是否题量过大、难度过高。孩子有不同的天赋，对孩子来说，题海战术和严重超越自身能力的奥数题目会让孩子疲于学习，不能自信地处理数学问题，反而学不进去，所谓物极必反。

计算总是出错

平日里发下考卷，看到孩子做错的题，父母会忍不住感叹："这孩子怎么那么粗心啊，这么简单的题目竟然算错了！"

计算总是出错实际上是由孩子的注意缺陷造成的，比如孩子无法注意到细节问题，看漏题或忽略题目中的重要信息。还有些孩子有阅读障碍，对数字符号不敏感，比如把5看成3，心里想的是乘号，写出来却是加号。这是由于孩子的视知觉发育出现问题，涉及神经功能。这类孩子的数学作业经常出错，长时间都无进步。

对待这类无法控制注意力的孩子，父母应该以安抚为主，不应经常责备。如果父母责骂孩子，孩子情绪不稳定，出错率会飙升哦！有些父母看到孩子考卷上的错题就会大发雷霆，问孩子："怎么又错了？!"殊不知，没有人会明知道错了

还写错,写错是由不受控制的神经条件造成的。

有严重读写障碍的孩子需要接受特殊教育,在获得一定的帮助下完成学习任务,但这类孩子毕竟是少数。更多的是一些神经比较"大条"的孩子,做什么事情都比较马虎。对这类孩子,平时可以多让他们进行一些注意力训练,比如练练书法等,让他们心静得下来。当然,如果孩子在这方面一直比较差,父母也不要过于担心,这类孩子往往思维奔放,富有创造力!有些行业特别需要这类人才,比如文艺领域,过于严谨反而不太有利。父母要坚信,天生你儿必有用。

如果是偶尔出错,可能与孩子的疲劳程度和情绪不稳定相关。有些父母给孩子大量的计算题,让孩子反复练习,以求提高孩子计算的准确率。但实际上,父母要保护好孩子的休息时间,过度疲劳、长时间连续学习,只会让孩子出错更多。孩子情绪焦虑也会导致做题错误多,人在焦虑状态下计算是难以投入和保持准确的。

如何让孩子爱阅读

阅读正越来越受重视,它已经成为一种生活方式、人生方式。阅读与不阅读,区别出两种截然不同的人生观。

阅读习惯是在幼儿和小学阶段培养的,对孩子来说,阅读可以终身受益。一个国家的国民如果都有阅读习惯,国民素质一定不会低,因为阅读积累得越多,人的认知能力就越强,认知水平就越高,遇到困境后的自愈能力就越强。

父母要引导孩子阅读,可以这样做:带孩子去书店,让孩子自己挑选喜爱的读物,回家后和孩子共同阅读。如果孩子回家后把书扔到一边,妈妈也无需指责,过两天可以把孩子选的书拿过来看,只要孩子走过来,妈妈就把书里的故事口述给孩子听,先讲一半引起孩子的阅读兴趣,留一半内容吸引孩子自主阅读。

在孩子阅读的书籍的选择上,父母注意不要有过多的干预和指导行为,不要指责孩子选择《奥特曼》而不是《格林童话》,责问孩子为什么选择武侠小说而不是国内外经典小说。孩子一旦受到打压,便会对阅读失去兴趣。经常有父母来咨询:"我的孩子已经上四年级了,一天到晚看无聊的书,比如漫画什么的。《上下五千年》这种增进涵养的书籍从来只放在书架上当摆设。"其实,培养孩子的阅读习惯应当是循序渐进的,阅读是最个性化的事情,开卷有益,给孩子时间,他早晚会把高深的书也拿出来阅读的。阅读能强化孩子的思考能力、认知能力和自学能力。阅读习惯一旦养成,可以终生获益。

独处很有可能是未来人的生活形态。能独处而自得其乐的人才是真正强大的人。我们的教育最明显的一个不足就是大多数国民不具备阅读的习惯,所以才有天天群体搓麻将、跳广场舞的需要。新一代的父母,也就是当今小学生的父母,必须重视在孩子阅读习惯养成上自己所担负的责任。有了书籍的陪伴,当孩子渐渐长大再慢慢老去时,他们不会感到

孤独、恐惧，他们有丰富的精神食粮，足以支撑起独处的时光。

为什么有些父母培养不了孩子的阅读习惯？因为不够耐心。他们总是大声呵斥孩子："别玩电脑啦，快去读书！"如此生硬的引导方式当然不会被孩子接受。

读不懂题外之意

有时候可以看到，小学生在做阅读理解题时只能理解文字的表面意思，读不懂文字中深藏的其他含义，做某些题型时就深感吃力。生活中，他们也常常闹笑话，难以理解他人的言外之意。

一个小学生读不懂题外之意，大多有两种情况：

一种情况是，这个小学生阅读能力比较弱。小学阶段阅读能力比较弱的孩子比例不低，毕竟小学生阅读量有限。阅读量有限或者很少阅读的孩子，认知水平相对较低，他们阅读时可能每个字都认识，短句也都理解，但等到短句形成长句的时候，理解起来就有困难。有的时候，一段话看起来是某种意思，但是它还有隐含的意思在里面，对小学生来说，要理解这些就更困难了。

另一种情况是，这个小学生的社会认知发展低于同龄人。孩子不能客观、多角度地理解他人的感受，对他人行为的意图、情绪状态等缺乏认识。也有可能是孩子的语言发展略有障碍,开口说话的时间很晚,有时候说话口齿不清,或者说出的话别人难以理解。因此,在理解文字组成的语言方面,其发展也较落后。

怎么帮助这类孩子?父母可以多给孩子讲一些故事,不要认为孩子已经是小学生了,就不需要讲故事了。当然,故事的深度要比幼儿园阶段深一些,然后让孩子正确表达对故事的理解。故事最好具有多层含义,让孩子去层层理解它的意思。这类练习做多了,孩子在语言文字的理解上会有所提高。

父母与孩子也可以一起朗读一本书,你读一段我读一段,联合起来读一本书。读完了一个章节,父母可以和孩子讨论,在这个章节里读到了什么,看看孩子是不是对这一章节有所理解。因为是一起读书,所以父母可以发现孩子理解上的问题。这样日积月累,阅读能力就会有所提高。

还有,每次语文考试结束后,父母要对孩子在阅读理解题目上的得失做个分析,看看孩子每次失分在什么地方,每次错误是否具有规律性。如果发现孩子在哪方面有弱点,就可以有针对性地给予切实有效的帮助。

对学习英语没兴趣

学好英语用处多多,但有些孩子不爱学英语,说学英语没意思,会说汉语就行了。父母虽然不认同,却拿孩子没办法。

对学习英语没兴趣的第一种可能是,这个孩子的语言感知能力比较差,因为语感是一种能力,确实受先天素质的制约,与神经功能有关系。第二种可能是,孩子某些时候接受了一些负面的暗示。比如,被告知他的英语学习能力差,让他认为自己的确学不好英语,这种负面的暗示深深影响了他,使他放弃努力,进而对学习英语没了兴趣。

对于第一种情况,我们要给予孩子合适的刺激,促进孩子语感的发展。比如,让孩子说绕口令、学习朗诵等,总而言之,要训练孩子的语言感知能力,提高对语言的敏感度。

对于第二种情况,要纠正孩子的不良暗示。比如,告诉孩子"你学语言速度很快",类似这样的话让老师来说效果更好。父母可以与老师沟通,让老师配合。父母也可以为孩子营造合适的学习语言的环境,让孩子沉浸在某种语言环境中,这对于孩子语言发展的确有好处。父母有能力的话,可以经常在家里与孩子用英语对话,这是增强语感的一种方式。父母还可以与孩子一起看原版的绘本,给孩子全面的语言环境。假如效果不好,父母可以去找一些很容易吸引孩子的动画片,他想看得懂就必须接受英语环境。而动画片既有画面帮助理解,又有文字刺激和声音刺激,孩子容易产生学习兴趣,在这样的环境中受熏陶就更有效果。

语言学习的的确确与环境有关系。如果让一个对英语学习没有兴趣的孩子,仅仅在学校里跟着老师学英语课文,这个孩子回到家马上就把课堂上学的东西扔掉了。这样难以形成良性的循环,始终无法诱导孩子对英语学习产生兴趣。

为孩子创设学习的环境,才能刺激出他的学习兴趣。

遇到难题就退缩

遇到难题就回避、退缩的孩子,首先是一个内心没有力量的孩子,是没有自信的孩子。

一个孩子为什么会没有自信?原因有很多,第一种可能是这个孩子开始学习时就受了很大的打击。比如,一开始上学就因为学习技能没有掌握,被老师或者父母批评,孩子对自己的认知就是"我是一个学习不好的人",进而影响他的自信。

第二种可能是,孩子在学习上受了不良暗示,比如被告知自己比较笨、学不好,这些话深深地埋在他们的心底,进入潜意识,成为他们对自己的评价。当他们遇到难题的时候,不会尝试去努力解题,而是不假思索地认定自己不行,出现回避和退缩行为。

第三种可能是,孩子意志力差,这可能源于不良家庭教育。比如孩子集万千宠爱于一身,被过度保护,从来不需要自己面对问题。在这样一个任由孩子依赖父母的家庭中,他受到的保护是全方位的,他的生活实际上被替代了。这样的

孩子自控力和意志力都很差,对待难题当然也不会有良好的表现。所以,父母不要以为孩子在生活中的表现不要紧,孩子在生活中的种种行为表现和性格、意志品质会迁移到学习上。一个孩子在学习上迎难而上,锲而不舍,这种意志力是在生活中培养出来的,并不是凭空出现的。孩子遇到难题就逃避并不是一个单一的问题,他的这种行为模式还会在其他方面表现出来。

第四种可能是,孩子的家庭结构有问题。比如,意志力差的孩子可能有过分约束他的父母,例如一个过分约束他、要求很高、控制欲很强的爸爸。这个孩子很难发展出自己的自信,遇到问题就会逃避。也有一些孩子,从小没有安全感,在很小的时候没有得到母亲的爱,比如说在0—3岁时妈妈常常不在,3—6岁时爸爸常常缺位,不在孩子身边,在这些关键期,孩子没有得到合适的照顾,导致没有安全感。这类孩子往往心神不宁,也没有办法静下心来做事情,在学习上就会逃避难题。

第五种可能是,孩子身体条件差,是个身体很弱的孩子。这类孩子由于精力不足,身体难以支撑,缺乏面对难题持续攻关的能力。

孩子遇到难题就逃避原因多种多样,父母要观察自己的孩子,只有知道孩子为什么逃避,父母才能够对症下药地想办法。

在这个问题上,父母不能操之过急,想让孩子明天就能面对困难是不现实的,要慢慢等待。

如何平衡孩子的学习和玩耍

孩子的学习很重要,这一点父母都会赞同,但是玩耍对于孩子也很重要,父母也必须认识到这一点。

学习是孩子要面对的基本任务,而玩耍是孩子的基本心理需求,两者同样重要。

小学阶段,孩子要解决学习和玩耍的平衡问题,其实就是时间的合理分配问题。我们要让一个小学生明白,他要取得良好的学习成绩,确实需要付出努力。他在学习上付出努力,就会得到学习上的收获。也要让孩子明白,作为小学生,玩耍也很重要,生活中一定要有玩耍的时间。缺少玩耍,也不是合理的生活。

小学生在学校里基本上都处于学习中,回到家后,父母只看到孩子花在学习上的时间并不多,但是父母要想想,孩子在学校里已经学了那么久。所以,在家里,其实要尽可能满足孩子玩耍的需求。因为家里毕竟不是学校,这一点很多父母做得不好,让家庭变成了第二个课堂。

如果孩子玩耍的需求没有得到满足,他在学校里也不会与老师合作。在学校里,什么都会变成他的玩具,比如把一块橡皮剪个十几下,变成橡皮小块;或者把纸撕碎,变成纸屑。什么都可以让他玩耍,他未必是要捣乱,只是在给自己寻找玩耍的时间。

孩子完成学习任务后,每天要给孩子至少半个小时的玩

耍时间,这个基本的玩耍时间要保障。如果连最低的玩耍时间都无法保障,孩子在学习上的表现也不会很好。一个没有玩耍时间的孩子会很愤怒,因为玩耍是他的基本需求。在周末,父母要意识到,这是以玩为主的时间了,不能再以学习为主。但是事实上,现在可以看到小学生花了大量时间学习,玩的时间太少了。如果父母这样做,父母要明白,并不是孩子的生活就应该是这个样子,而是父母要求孩子如此做,孩子是牺牲了自己来成全父母的。父母要安抚孩子,告诉孩子"爸爸妈妈知道你牺牲了自己的休息时间"。孩子知道父母可以体谅和理解他,也会得到些安慰。如果孩子有时间玩耍,就要尽可能给孩子提供玩耍的条件。孩子独自一个人玩玩具是比较低级的玩耍,最理想的玩耍是一群人自由组合在一起玩。现在的孩子这种机会比较少,他的玩伴可能变成了父母,如果父母愿意做孩子的玩伴,孩子还是挺有幸福感的。所以,建议父母在周末还是要花一点时间陪孩子玩玩,一起去游泳、打球,或者在草地上奔来奔去,孩子会很开心。

总而言之,要让孩子知道,父母愿意陪我玩。要提醒父母的是,陪孩子玩的时候一定要诚心诚意,不要一边玩一边谈学习,这是最糟糕的情况;也不要一边玩一边看手机,或者一边玩一边催促他"时间不早了"。要让孩子在内心里体会到,父母很愿意让他玩,也愿意陪他玩,这样孩子就会愿意配合父母。

如果父母能够体谅和理解孩子,孩子就会玩得开心,学习时也会认认真真,这不就是我们想要的孩子吗?这样的孩子就是平时能够平衡学习与玩耍的孩子,他们的父母也给予孩子正面的、积极的力量。

第三章

培养孩子的学习习惯

从幼儿园进入小学,对孩子来说,是在"爬坡"。小学生的基本心理需要是玩,但是他也开始了课堂学习,这就要解决玩和学习冲突的问题。

孩子上了小学就不再能肆意地玩,若玩耍这种基本欲望没有得到满足,孩子就会在课堂上玩,课堂上什么东西都会成为他的玩具。

孩子回到家后,无论怎样都要留一点给他玩的时间,哪怕半个小时。玩得满足的孩子,也会更投入地学习。

当今的家庭教育特别重视孩子的学习管理,陪着孩子做作业的父母很多,每天给孩子布置作业的父母也很多,还有父母自己给孩子当老师,给孩子上课。其实,对于孩子的学习管理,父母要做的是教会孩子学习。

小学阶段有大量需要小学生去记忆的内容,教会孩子记忆方法,例如如何复述,如何组织归纳,如何将知识系统化……掌握了有效的记忆方法,孩子学起来会很轻松;学习成绩好了,自信心就增强了。

小学生还要学会合理安排作业,哪项作业先做,哪项作业后做,自己默写、背诵课文等。父母要花工夫去教会小学生学会学习,一旦小学生自己会学习了,他对学习的兴趣就

产生了,学习就进入了良性循环。

小学生的家庭作业管理一直是父母头痛的问题,一些家庭的亲子关系产生问题,就是由父母回家后和孩子因为做作业的事发生冲突而导致的。下班回到家的父母本身已疲惫不堪,一想到还要花几个小时陪孩子做作业,心里就烦躁不安。父母坐在孩子旁边,不停地指出孩子作业上的瑕疵:"字没写端正!""格式不正确!"父母心中不爽,自然也没耐心,孩子就在不断的苛责声中做作业,心里又害怕又烦,下笔易错,解难题也没思路了。一旦思路卡住,停下笔,父母又会在旁边斥责:"赶紧做,不要停,做好了再玩!"

一晚上下来,孩子和父母都疲惫不堪。一想到明天还要过这种日子,就有了绝望的感觉。这种日子什么时候到头啊?

一个父母在旁边全程看着的孩子是学不会自己做作业的,到后来,作业成了父母的任务,孩子自己完全没有计划、安排的动机,等着父母的指令才去做。久而久之,孩子做作业的责任心就丢失了,每天做作业都要父母反复催促,开始拖沓、逃避。

小学生刚开始学习时,回家做作业可能需要父母陪伴,但是要注意,这是陪伴,而不是当监工、当老师。父母是引导孩子入门的人,一旦孩子掌握了做作业的方法、书写规则等,父母就该放手了。放手后,父母不要抱着做监工的心态,一会儿去看看,过一会儿又去看看,这会让孩子觉得,这根本就是两个人的事情,不是自己一个人的事情。

在学习中也常有知识点孩子难以掌握,父母若要帮助孩子掌握知识点,是需要自己先备课的,不能随口就讲。要先搞清楚,出现这种情况是因为孩子没掌握知识点,还是其思维能力不足。如果的确是知识点没掌握,上课没好好听讲,造成知识缺漏,父母要针对缺漏的知识,备好课,用孩子听得懂的话讲解,然后提问,根据他的回答判断他是否已经掌握了。如果是思维水平低所致,就需要对症下药。

总之,一个孩子上学了,父母也"上路"了——开始了管理孩子学习成长之路,这一路上,需要父母学习、琢磨、思考、练习的内容太多了。

努力吧!已经身为父母,就必须担责。

让孩子有学习兴趣

兴趣是最好的老师。没有学习兴趣,即使花了很多时间,费了很大力气来学习,也事倍功半,效果很差。

小学生不理解学习的意义,如果想让孩子主动学习,确实需要培养孩子的学习兴趣。父母对孩子进行知识教育的时候,要尽可能地把知识趣味化。比如,妈妈带着一个三年级的小学生逛超市,可以问问孩子:"我们要买餐巾纸,200抽的餐巾纸是4元钱,400抽的餐巾纸应该是8元钱,这里有一盒只要7元8毛钱的400抽餐巾纸,我们买这盒可以便宜多少?买两盒最后一共付多少元?你能把妈妈说的这段话用数学算式表达出来吗?"鼓励孩子用数学算式把餐巾纸的价格表示出来。数学与生活结合,孩子就会非常有兴趣,愿意去操作、去计算。

妈妈接着可以感叹:"数学是多么简洁啊!数学是人类最高级的语言表达。所以,你要认真学习数学,创造更美丽的语言。"善于诱导孩子学习的妈妈能激发孩子的学习兴趣。

再比如说,在语文学习中,当孩子不愿写汉字、心生怨气时,妈妈可以和孩子说:"中国汉字源远流长,非常有意思。汉字是如何演化的呢?古代的时候,人们写'月亮'的'月'字时,就直接画个半月表示。到现代,才慢慢演变成有两横的'月'字。"听到汉字演变的趣味故事,孩子一定会询问:"妈妈,那我的名字里的两个字是怎么演化来的?"妈妈可以带着孩子上网搜索,让孩子对汉语学习更加感兴趣。

厌学是父母需要面对的大敌人,所以要让孩子有学习兴趣,不可让孩子的学习量过大。现在有不少父母,会让孩子把所有的时候都花在学习上。过于饱和的学习,使得孩子没有了自我探索和想象的时间,而兴趣往往是在孩子有了自我探索的机会之后才产生的。一个只会机械地学习知识的孩子,是难以对所学的知识产生深入探索的兴趣的,而兴趣是孩子最好的学习动力源。

会激发孩子学习兴趣的父母,在孩子一开始学习时,就会用鼓励的目光看着孩子。重要的是,父母自己首先表现出对学习的兴趣,而不是心生厌烦,催促孩子。为了培养孩子的学习兴趣,妈妈还可以常常问孩子:"老师今天教了什么?"孩子告诉了妈妈,妈妈就高兴地说:"今天你当了妈妈的小老师。妈妈学习这些知识太久了,已经忘记了,你一讲我就想起来了,谢谢你!希望你以后常常把学到的知识讲给妈妈听。"这种分享孩子的学习成果的做法,也会使孩子对学习有兴趣。

孩子从小就开始偏科

小学阶段偏科的现象并不普遍,偏科现象出现的高峰期在初中。但若小学阶段就发现偏科,应该立即重视起来。

如果孩子偏科,父母一定要搞清楚孩子偏科的原因。比

如,一个孩子偏文科,理科学习能力差,父母要考虑孩子的逻辑思维能力是否较差,是否对理科学习有心理障碍。如果孩子偏理科,父母需要观察孩子是否形象思维能力较差,是否对文科学习有心理障碍。父母要搞清楚孩子偏科的原因,才可能帮助孩子纠正。如果孩子是思维能力方面的问题,偏科就较难纠正。

孩子偏文科,总是没办法学好数学,怎么办?如果是因为逻辑思维能力差,这种孩子可以完成基础数学的学习,但是在解决需要有较复杂推理的数学难题、奥数题时就会有困难。这种情况下,父母不要让孩子花大量的时间在大题、难题上,多掌握基本理科原理,转移更多的时间和精力到文科学习上即可。数学学不好的学生,英语可以学得很好。语言学科不同于理科。如果孩子英语学得班里最好,语文成绩中上,即使数学成绩最差也不妨碍总分,同时也能让孩子学得更快乐。因为有一门课成绩好,孩子的自信心就不至于垮掉。如果让逻辑思维能力差的孩子花大量时间在数学上,尽管做了大量的题目,考试遇到难题还是不会做。不仅数学依然差劲,到最后甚至因为没有时间学英语、语文,连应该擅长的文科都无法得到好结果,总分很差,得不偿失。

孩子偏理科,总是没办法学好文科,也应该同样处理。

偏科生的心理也颇为复杂,有时会蛮骄傲的,有时又会觉得自己不聪明,情绪有时高亢有时沮丧。小学生偏科一般要到四五年级以后才会出现,孩子如果在小学里就出现偏科,其偏科问题往往与思维能力发展有关。父母对自己的孩子要有正确的认识。人是有差异的,人的思维特性确实有差别。有些孩子的能力发展得比较平衡,有些孩子则未必如此。只要有效地帮助孩子安排好适合自身特点的学习,同样可以有不错的学业总分。

幼小衔接对策

孩子从幼儿园进入小学,是他们成长中的一件大事,生活中的一个重大转折。如何让孩子愉快地进入小学,自信独立地面对小学生活呢?

幼儿园到小学的跨度比小学到初中的跨度大,孩子需要在认知和生活习惯上产生一个巨大的转变。父母需要在哪些方面做足功课才能让孩子顺利度过幼小衔接阶段呢?

首先,父母要认识到,孩子的学习与神经功能发育的成熟度有关。一个孩子只有在支配听动协调能力、视动协调能力的神经发育良好的基础上,才能在课堂上准确地完成老师的指令,包括抄写、阅读课文、默写生词等任务。因此,在幼儿园阶段,父母就应该多多训练孩子的视动协调、听动协调和运动平衡方面的能力。

具体训练方法有很多,例如:用眼罩蒙上孩子的一只眼

睛,把一两赤豆和一两绿豆混在一起,让孩子用手分开,记录用了多少时间。这种方法可以训练孩子的眼手协调能力。

为了让孩子的手指更有力量,将来写字可以更持久,可以做10个小沙包,上面吊根线,在孩子看电视时,把线圈套在孩子的手指上,让孩子手提小沙包,使手指负重,从而锻炼手指力量。

为了让孩子的听动更协调,可以对孩子进行听指令做动作的训练:父母发出一个指令,孩子完成一个动作;再发出连续的两个指令,孩子完成两个动作;接着发出连续的三个指令,孩子连续完成三个动作……直至孩子无法完成连续指令时才停下来,这个训练可以反复进行。

为了训练孩子的平衡协调能力,每天可以让孩子跳绳,规定一分钟要跳多少下,让孩子逐渐提高成绩。

这些训练对孩子的神经发育具有良好的刺激作用,为其进入小学后的听说读写的技能要求提供生理条件。

其次,上小学前,还需要让孩子对课堂纪律有一定的认知。进入小学之前,孩子过的是没有时间约束的生活,而小学课堂是个有秩序的地方,它的纪律要求是很高的。如果想让孩子接受小学课堂制度,顺利地做个小学生,父母可以在家中帮助孩子做一些模拟课堂学习的训练。比如:让妈妈扮演老师,让爷爷、奶奶、爸爸、孩子扮演学生,爸爸有时还要扮演不守课堂秩序的学生。妈妈讲话时,爸爸突然插嘴,妈妈就告诉爸爸,上课时是不能随便插嘴的,说话是要举手的,要让爸爸重新举手了再说话;妈妈讲了一段后向学生提问题,奶奶举手了,妈妈请奶奶回答问题,并且让同学们向奶奶学习;妈妈课讲到一半,爸爸坐到地板上去了,妈妈就告诉"小朋友",上课时是不能坐到椅子以外的地方的,必须端坐在椅子上,并且让大家向爷爷学习,因为他坐得很端正;闹钟响了,爸爸立即站起来往外走,妈妈说下课铃响了,要听到老师说"下课"才能离开。

模拟课堂将小学课堂的秩序直观地呈现给孩子,如果孩子表现得不错,大家都要表扬他。

模拟课堂的好处是:所有参与者都是家庭成员,都是长辈,让孩子感觉到,这个场景几代人都接受了,直观地理解课堂上的学习是怎么回事。

最后,父母还需要给孩子树立正面的认知。父母要正式通知孩子:"祝贺你,从现在起,你就是一名小学生了!"父母可以提前领孩子参观小学校园,为孩子介绍学校的设施和老师,告诉孩子学校是一个快乐的地方。父母可以给孩子讲一些自己小时候上学的故事,比如第一天就认识了几十个小朋友,每天玩游戏,非常开心,等等。在对校园的描述中,父母要注意,一定要用正面词汇,使孩子在上学前对学校产生积极的认知。切勿提醒孩子:"你是小学生了,从此以后要收收性子,再也不能像以前那样玩了……"这样的话会使孩子对未来的学校生活产生抵触情绪。

正面教导会使孩子更勇敢地去拥抱小学生活,而不是对学校充满恐惧。如果做到以上几点,送孩子上小学就会变得轻松愉悦。

孩子不积极举手发言

一些妈妈内心非常焦虑,担心孩子无法适应学校里的生活,在孩子放学回家后喜欢不停地问:"你今天举手发言了吗?回答了几个问题?其他小朋友呢?上课听话吗?"

这类妈妈会把自己的焦虑传递给孩子,频繁地询问,不断强调举手发言的重要性,会使孩子在举手发言这件事情上形成心理障碍。每当孩子去学校上课,他就会莫名的精神紧张。如果上课的时候,孩子把手举得高高的,而老师没有看到或者忽略了他,请其他小朋友回答问题,孩子就会感到失落,甚至生闷气,认为老师不重视他,回家后无法向妈妈交代。

父母真的没有必要计较孩子在课堂上有没有举手发言。有些孩子比较外向,老师没有点名就会主动站起来回答问题,举手也非常积极。而另外一些孩子相对内向一些,不太善于表达,也不会抢着举手发言,但是他们可能已经在心里把正确答案默念了好几遍。这只体现着不同孩子具有不同的性格特点,并不体现他的学习质量。所以,父母们大可不必纠结于孩子上课是否积极举手发言这件事情,不要为此为难孩子,让孩子产生逆反心理。

那些焦虑的父母可能以为督促孩子在课堂上举手,就会让孩子专注地听老师讲课,不会思想开小差。同时认为,老师更喜欢积极发言的孩子,这样有助于孩子获得老师的喜爱。他们没办法出现在孩子的课堂上,就只能不停地督促孩子。他们恨不得将摄像头装在孩子教室里,时刻监控孩子。这样做真的太夸张了,没有必要,父母首先要处理自己的焦虑情绪。否则,结果会适得其反。

上课有没有积极举手发言真的没有那么重要,不同孩子有不同的表现,尊重他们的天性,支持他们自由展现自己的天性,才会让孩子走上精彩的道路。

做作业拖拖拉拉

为什么孩子在玩游戏时总是干脆利落,想玩就马上玩,而说到做作业就拖拖拉拉、磨磨蹭蹭呢?

这个问题的答案很简单,因为孩子讨厌做作业。一部分原因是老师布置的作业超过了孩子的能力。孩子觉得题目太难了,不愿意做,也可能压根不会做。另一部分原因是作业量过多。除了课堂作业,父母或补习班老师通常还会布置许多额外作业,孩子们看到作业堆成了山,要花大量的时间才能完成,自然会畏难,想偷懒一会儿,再拖一会儿。还有一部分原因来自孩子糟糕的情绪。例如,孩子今天在学校里被同学欺负了,或者被老师批评了,情绪低落,根本没有心情做作业,也没办法集中精力。

父母应该如何应对孩子做作业拖拖拉拉呢?首先是心态,其次还是心态,要耐心、耐心、再耐心!要知道,全世界没

有一个小孩做作业会一气呵成,写一会儿停顿一会儿是很正常的。尤其是低年级的孩子,写几个字可能就会停顿一下,他的手指小肌肉力量还不足呢!孩子停顿了,你就当作没看见,实在停顿的时间久了,摸摸孩子的头,轻轻地说"该做作业了",孩子会回过神来的。

如果作业量很大,今天的订正作业就不一定要做,父母明天跟老师打个招呼,告知这件事,请老师不要责怪孩子,因为小学生保证足够的睡眠时间是很重要的。父母更不要布置额外的作业,凡是父母布置额外作业的孩子都讨厌做作业,都会拖拖拉拉,磨蹭很长时间。

如果遇到孩子实在不会做的题,父母不要反复给孩子讲解——孩子已经在学校里听了几个小时的课了,根本听不进去。父母直接做给孩子看,让他抄一遍写到本子上就行。原则就是赶紧完成作业,父母不必担心孩子知识点没有掌握,这件事情可以之后再做。比如可以在周六将孩子的数学书拿出来看看,备备课(也仅限于数学),然后把父母担心孩子没有掌握的知识点讲解一下,书上的例题让他做一下。父母尽管放心,小考前老师会有复习安排的,大考前老师还会有复习安排,针对知识点让孩子查漏补缺。

要知道,做作业是一天天、一月月都要做的事,每天都要做的事,其原则就是爽,不要又讲又示范,把本来就不短的时间拖得更长。更不要在孩子做作业时反复呵斥孩子,催促孩子,让孩子烦躁不安,作业更容易出错。

至于情绪差的孩子,父母需要安抚他。可以抱抱孩子,问他遇到了什么麻烦,需要妈妈什么样的帮助。等孩子情绪恢复正常后再让他做作业,这时候做作业的速度就能加快。

总之,孩子做作业时父母应该是有耐心、安静的,这样的家庭气氛才对孩子做作业有利。

不会写作文的孩子

三四年级的小学生最有可能遇到的学业困难就是写作文。孩子面对作文题郁郁寡欢,父母在旁频频催促的场面绝不少见。

所谓"万事开头难",父母如果想让孩子顺利完成作文,可以先念一两篇有趣的作文给孩子听,可以为孩子提供几个开头,或者把自己的思路告诉孩子,启发孩子的创作。如果孩子还是写不出,父母不妨为他们准备一些《小学生作文选集》《作文大全》《高分作文》等指导书籍,让他们先仿写,然后再实现自主写作文。

特别需要注意的是,对于刚刚开始接触作文的孩子,父母一定不能强迫他在规定时间内完成作文。即使孩子写的作文字数不达标,父母也不能催促,一定要耐心指导,多给孩子一些具体意见。比如说,为什么这篇作文写得这样短,有没有把故事讲清楚?如果是看图写作文,可以指导孩子仔细观察图片,是否有遗漏的细节,例如天气如何,故事发生在什

么样的环境中,故事主角心情如何,等等。如果是命题作文,可以让孩子充分发挥想象,在讲清楚主题的情况下增加一些可以让作文内容更丰富、描写更精彩的词句。父母要让孩子明白,一篇作文一般需要具备哪些要素,怎么样增加一些描写使作文很生动,怎样选择要写的内容,如果情节很多怎样适当取舍。孩子不会写作文往往是不了解该如何去写,掌握了具体方法之后,就会有进步。

追根溯源,孩子写不出作文的根本原因是平日阅读量少,课外知识累积不足。没有阅读习惯的孩子,通常写作水平也偏低。作文高手通常思维能力强,善于思考,喜爱观察周边的环境。父母可以参照"如何让孩子爱阅读"的内容,帮助孩子养成良好的阅读习惯。

即便孩子作文写得不好,父母也不要过于担心,现在写不好不等于以后写不好。在生活阅历更丰富、阅读内容更广泛之后,孩子的作文会慢慢变精彩的。

父母要不要陪着孩子做作业

父母回到家,理想的状态是孩子已经把作业做完了,签个字就行了。但是常见的场景是,父母顾不上吃饭,坐在孩子身边,全程陪伴做作业。

孩子做作业时需不需要父母陪伴,父母要询问自己的孩子,让他做决定。他说要,父母就陪伴;他说不要,父母就不要陪伴。

如果孩子要求父母在一旁陪伴着做作业,父母要以一只"小灰兔"的身份出现,是陪伴孩子这只"小白兔"的,而不是成为一只"大灰狼"。温柔的"小灰兔"才能默默陪伴"小白兔","大灰狼"只会让孩子感到害怕。父母要尽可能做自己的事情,看报纸、看手机都可以,不干扰孩子做作业。如果孩子在做作业时总是主动找父母聊天,父母也尽量不要回应他,只需要摸摸孩子的头,继续做自己的事,让孩子慢慢地回到做作业的状态中。即使发现孩子做作业走神,也要睁一只眼,闭一只眼。孩子走神有的时候是因为感觉累,特别是低年级的孩子,他们的手指肌肉尚未发育好,有的孩子写几个字就要停下来。这种情况到四五年级就会好一些。还有的孩子是因为遇到了难题,不会做,不得不停下来。此时父母切莫责备,等一等也许他就会做了。如果孩子停顿的时间实在太长,父母可以摸摸孩子的头说"可以继续做作业了",孩子会自然而然地重新开始做作业的。

在孩子做作业停顿的问题上,父母尽可能放宽心,全世界没有哪个孩子可以一气呵成把作业做好,别人家的孩子也是这样的。倒是父母抱着不耐烦的心态陪伴孩子做作业,这件事才弊大于利!

小学生年龄小,肌肉力量不足,写字歪歪扭扭实属正常,让孩子反复擦写,容易造成孩子厌学。当孩子主动请教数学题时,父母不要试图做老师,反复给孩子讲课,坐了一天椅子

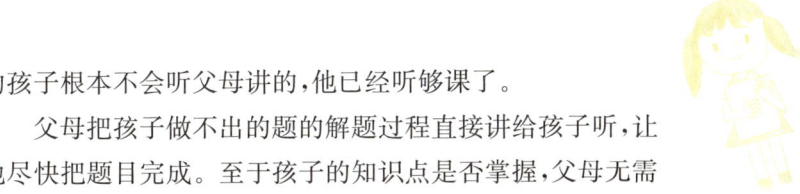

的孩子根本不会听父母讲的,他已经听够课了。

父母把孩子做不出的题的解题过程直接讲给孩子听,让他尽快把题目完成。至于孩子的知识点是否掌握,父母无需为此焦虑,可以在周末再给孩子讲解,然后出道题让孩子做一做,举一反三。这样就够了,孩子在学校小考有小复习,大考有大复习,父母就别担心了。

要记住,陪做作业的原则就是让孩子赶快结束"战斗",可不能一个劲儿地唠叨:"字写好看点!背挺直一些!写快一点!专心一点!"对作业质量和孩子做作业的状态有过多的要求,容易让孩子厌学。

孩子不肯做作业

孩子闹着不肯做作业,打也不行,骂也不行,到底该怎么办?

孩子无论如何不肯做作业,情绪很糟糕,这时候父母可以尝试抱住孩子,然后轻声细语地说:"你今天心情不好,所以不肯做作业?我想知道你为什么不开心,可以和我聊聊吗?"仔细倾听孩子的理由,然后站在孩子的立场上,为孩子排忧解难。

如果孩子眼睛耷拉着,无精打采,显得非常疲倦,这可能是因为孩子太累了,是生理方面的原因让他无法再坚持学习。尤其是一些低年级的孩子,免疫力差,经常发烧,持续学习时间长了就撑不住。如果强迫他做作业,明天可能就发烧了。这种情况下,父母应该和老师报备一下,第二天让老师免除一天的作业。

还有的孩子完全不肯做作业的原因是,他想以做作业为筹码,"要挟"父母答应他的某种条件,如买玩具、打游戏、去迪士尼乐园玩等。父母要仔细回想,检讨自己是不是之前答应了孩子某件事情,却没有实现,或者是不是没有满足孩子的合理需求。如果有不能马上实现的要求,父母可以和孩子商量,是否可以放到周末实现,比如去郊区游玩等。同时父母要让孩子明白,用不做作业这种耍赖行为来实现自己的目的是不可取的,爸爸妈妈也是万万不会同意的。

当孩子对父母有不满情绪的时候,也可能用不做作业来发泄。尤其是在父母特别看重孩子的作业的家庭,一旦发生让孩子不愉快的事,比如妈妈更关心弟弟啦,妈妈批评自己啦,妈妈表达了对别人家孩子的喜爱啦,都会引起孩子的不满,不做作业就是孩子发泄的渠道。遇到这种情况,父母要静下心来和孩子交谈,理解孩子的不满,表示自己懂他的心情,孩子的情绪就会改善,也就会愿意配合,完成学校的作业。

孩子不喜欢老师

有些孩子讨厌某些老师,进而不喜欢他们教的科目,甚至开始不喜欢学校。要在情况越来越糟之前,努力打破恶性循环。

孩子不喜欢老师有两种可能,父母要仔细观察,根据孩子的情况做判断。

第一种可能是,孩子在这段时间跟父母的关系很紧张。孩子会把对妈妈的愤怒投射到女老师身上,或者把对爸爸的不满转移到男老师身上。

孩子没有能力用语言清楚表达自己内心的情绪,他的表现方式通常是直接对抗。如果孩子与父母发生冲突,或者对父母非常不满、愤怒,他将这种对父母的情绪向外投射到老师身上,父母要做的就是改善和孩子的关系,想想孩子为什么对你们那么愤怒;父母有没有责骂孩子?冤枉孩子?情绪化地打孩子?这些都是孩子愤怒的来源,必须改变。父母向孩子道歉,检讨自己的行为,孩子马上就会跟你和好,冰释前嫌。

第二种可能是,老师在学校里批评孩子的时候没有采用合适的方式,伤害了孩子的自尊心,所以孩子讨厌老师。这就需要解开孩子的心结,父母要向孩子解释:"老师也是普通人,偶尔也会犯错、说错话。你看小朋友说错话、做错事的时候,老师是不是总是理解你们、包容你们呢?那么当老师出错的时候,你们也要理解老师、包容老师。这才是人和人之间交往的正确方式。"孩子听了这话往往就释然了,他们毕竟还是把老师视为权威的。如果孩子仍然不喜欢老师,父母就要和老师沟通,制造孩子和老师单独谈心、相处的机会,让老师多向孩子表达一些关爱。父母要将孩子不开心的原因告诉老师,让老师理解解铃还须系铃人。

孩子特别需要来自老师的安抚,老师对孩子说话和风细雨,孩子就开心了。

孩子不愿去学校

总有孩子不愿意去学校,每天早晨开始哭闹,找各种理由逃避上学。家长又气又急,却束手无策。

孩子不愿意去学校可大致分为几种情况。

第一,小学一年级的学生不愿意去学校要考虑分离焦虑的问题。缺乏安全感的孩子在离开妈妈,周遭环境改变的情况下会显得非常焦虑,坐立不安。孩子不知道家以外的人会怎么对待他,压力特别大,所以不愿意去学校。分离焦虑严重的孩子,往往在婴幼儿时期没有建立安全的母婴依恋关系,他们比别的孩子更难适应环境变化。

对于有分离焦虑的孩子,父母要做的是尽量给予孩子安全感,如每天回到家后抱抱孩子,抚摸孩子,对孩子表达关爱:"你在学校里很开心,妈妈在公司里很开心,我们回来比比谁更开心。我会每天讲公司里开心的事给你听,你也要讲学校里开心的事情给我听。"这样说对孩子有良性暗示作用。

有一些孩子被过度保护,应对环境的能力很低,也会有分离焦虑,不愿意去学校。

第二,有一些孩子会因为恐惧而不愿去学校。让孩子对学校产生恐惧感的原因是多种多样的,比如班主任经常用分数来评判学生,在全班面前公开报分数;若孩子的父母对分数的要求又很高,就会造成孩子强烈的焦虑感。这类孩子极其害怕面对分数,产生考试焦虑,到考试前恐惧就会加剧,迟迟不愿踏入学校。严重的话,有些孩子会患上学校恐惧症。如果孩子有学校恐惧症,一般需要寻求心理医生的帮助,因为恐惧症是各种家庭问题及学校问题累积的结果,父母难以自己解决。

第三,还有一类孩子有交友问题,学校里没有小朋友愿意跟他玩,老是被同学排斥,待在学校十分不开心,自然不愿去学校了。这类孩子的父母要让孩子多多地走出家门,多多地接触人,经常把小伙伴请到家里来,观察孩子跟小朋友一起玩时有什么不正常的地方,从而对症下药,给孩子提供帮助。同伴关系融洽了,上学就是件开心的事。

第四,孩子不肯去上学校,还可能因为他的学习能力实在不能胜任学校的要求,总是完成不了学习任务,听说读写各方面都严重落后,可能被老师批评,被小朋友嘲笑,内心积攒了太多的伤痛,自然就不愿意去上学了。面对这类孩子,父母一定要找专业的老师进行正确的评估,制定适合其学习的、有效的个性化教学策略,比如复读一年,增加一对一教学课时等。等到孩子基本能够赶上大部队,他才可能愿意走进学校。

考试前后父母该怎么做

对于孩子的考试,很多父母会比孩子还要紧张。他们早早地提醒孩子复习功课,监督孩子学习,恨不得自己上场,家中充满了紧张气氛,让孩子难以放松。

父母这样做往往会让孩子充满焦虑,严重的话甚至会导致考试焦虑症,孩子反而无法正常发挥,拿不到好成绩。

在考试前后,父母应该如何做呢?其实最大的法宝就是"淡定"二字。孩子一生中会遇到许多大大小小的考试,要想让孩子从容地面对各种考验,父母也应该表现得很淡然。

考试的前几天,学校的气氛往往非常紧张,而且老师会让孩子做大量的复习题,所以孩子常常很疲惫。父母要照顾到孩子的身体和精神状况,尽量减少周末补课、上兴趣班的时间,尽量让孩子睡到自然醒,多多休息。除了生理上的准备外,还要安抚孩子焦虑的情绪。父母在家中要避免谈论考试的话题,因为多说无益,只会给孩子的小小心灵增添烦恼。

考试结束后,父母不要和孩子讨论考试内容,反复问孩子:"考得怎么样?感觉如何?有没有做不出的题目?"考题的对错和讲解的工作由老师来解决。如果孩子考得不好,父母要做的事是安慰孩子:"一次考试结果不好,根本不需要沮丧。考试的机会有的是,看看这次错在哪里就行了。"父母说这话的态度是诚恳、放松的,孩子就会暗下决心:"下次一定考好!"孩子在今后的考试中才会越战越勇,而不是每遇大考

必不行。这样的孩子,越是面对重压发挥得越好,越是重大的考试越出彩。父母目光要长远,要让孩子具有持续发展的可能性。

需要注意的是,不能因为孩子考得好就奖励孩子,考得不好就责骂孩子。对孩子的考试结果设立奖惩制度的后果就是,孩子会变得非常在意考试成绩,一遇到考试就焦虑不安,生怕自己犯错受到批评或者得不到奖励。当今的这种教育大背景下,家庭中所有的奖励都不应与考试挂钩。

老师投诉孩子不守秩序

经常有老师向父母投诉孩子在学校里不守秩序,无视纪律,四处捣乱,小动作不断,父母十分尴尬,却没办法管理孩子。

孩子不守秩序的行为背后隐藏两种诱因。

第一种诱因是孩子情绪压力大。通常孩子不会将自己的情绪通过语言表达出来,他们只会通过行为来发泄情绪。比如父母在孩子面前争吵,往往是导致孩子情绪低落、爱捣乱的一大原因。对于恐惧情绪引起的行为混乱,关键是找到恐惧源。光指责孩子表现出来的症状是没有用的,比如总是斥骂孩子"上课为什么老讲话"并没有作用,这只是表面症状,父母需要深究其背后的原因。

儿童的基本心理危机就是恐惧,他们会为父母关系不好恐惧,会为父母一方生病恐惧,会为家里出现了经济危机恐惧,会为自己做错事要挨打挨骂恐惧,会为老师告状恐惧,会为被小朋友欺侮恐惧,会为弄坏了重要的物件恐惧,等等。好的家庭教育一定要做到,不让自己的孩子恐惧,我们所做的一切的目标都是指向让孩子安心、安神、安宁。只针对症状的处理措施,从来就不会有效。

第二种诱因是孩子有神经功能问题,如孩子是非典型自闭症患者。此类孩子与众不同,没有守秩序的能力,无法正常控制自己的行为。目前这类患儿也逐年递增,人类至今没有有效的检测手段可以将这类孩子提前检测出来,所以这类孩子通常在婴幼儿时期看起来很正常,到了上小学,老师才发现他们根本无法守秩序,也不会去听讲,此时父母就会觉得问题严重了。由于大家对非典型自闭症缺乏了解,这类孩子的症状常被误诊为家庭教育失当引发的问题,于是父母会加强看管和教育,但是丝毫没有改善,使得老师和父母烦恼不堪,深受困扰,有时甚至会引发家校冲突。因为这类孩子在家里往往没有什么不堪的行为,父母常常觉得自己的孩子"挺好的",他的症状只有身处同龄人之间、需要守秩序的时候才会表现出来。

这类孩子需要专业指导下的矫正治疗,用通常采用的教育手段是不会有效的,因为问题出在神经功能上。专家会指导父母和老师如何应对这类孩子,而不是改造他们。也许一开始症状严重的孩子需要家里派人来学校陪读,或者只上半

天的课。学校和父母都做正确了,这类孩子到了四年级后可能有所改善,也能适应在教室里上一整天的课了。

不可以用钱来激励孩子

一些父母在激励孩子时,会用钱作为激励手段。他们会在孩子考试前向孩子承诺,达到什么样的分数就给孩子多少钱。这种做法比较常见,但效果不佳。

显然,这种做法是不可取的。因为知识实际上是买不来的,人学习知识的过程与钱无关。人学习知识首先源于对知识的渴求,人对知识的理解、接受和记忆都与钱没关系,与钱不能画等号。有人说:"我有钱,可以请来很好的老师,就能买到知识。"当然,钱可以买来老师,但是买不来学习过程中孩子的自主活动。如果孩子抵抗学习,钱堆成山也没用。父母习惯于用钱来激励孩子的学习,会使孩子以后养成坏习惯:在考试前不承诺给他多少钱就不努力学习。这样下去,孩子学习的目的就是为了用分数来换钱。父母也许认为,这样也行,反正达到了目的,让孩子好好学习了。但是父母要想一下,如果孩子考不到理想的分数,会怎么样?这会让孩子彻底放弃学习,孩子会想,"反正我拿不到钱了,那就不用学了"。用钱来激励孩子,就会造成这样的局面。

在考试这个问题上,真正激励孩子的是,让孩子对知识产生渴求。他会有内在的动力想要积累知识。父母如果功利化对待孩子的学习,反而有可能造成孩子的学习问题。学习是终身的,绝不仅仅限于教育系统内学习的这些年,孩子从学校毕业后也需要保持学习的状态。父母要培养孩子终身学习的能力与愿望。人只有具有终身学习的愿望,才能够努力学习而不累,才会有不断积累知识的渴求。人学得越多,反而越渴求知识,越认为自己学的不够。

在小学阶段父母就习惯于用钱来激励孩子学习,会损害孩子建立终身学习的理念。未来孩子虽然得到了文凭,但最终目的是用文凭换钱。假如孩子长大后只取得了普通收入,也就是说,有了高学历也没有得到高收入,他同时又看到有人并没有高学历就赚到了很多钱,他会对学习产生怀疑,甚至全盘否定学习的作用。有一次我曾听到一个孩子说,山西煤老板小学没毕业也成了亿万富翁,学习有什么意义?孩子会提出这样的问题,一定与父母对学习的观念有关,一定与父母用金钱来激励孩子有关。

父母要让孩子知道,有些东西是不能用金钱换到的,能用钱换到的东西其实都不那么值钱。

如何恰当地鼓励孩子学习

在孩子的成长过程中,学习是他很重要的生活内容,是他长大后也依旧需要做的事。想让孩子愿意投入学习,确实

需要给他切实有效的鼓励。

对于小学生,什么样的鼓励容易促使他学习?比较好的办法是:与他分享劳动成果。孩子到学校学习也是一种劳动,这种劳动成果如果没有人可以分享,劳动的积极性会慢慢消失。如果父母有意识地每天鼓励他更积极地参与学校中的劳动,就会效果很好。比如说,孩子回到家,妈妈问孩子:"今天你在学校上数学课学了什么?"孩子会兴致勃勃地讲很多,妈妈要说:"谢谢你讲了这么多,这些内容我都忘记了,你当了我的小老师!"孩子会很开心。过几天,妈妈再次问:"语文课讲了什么?"在孩子讲完之后告诉孩子:"你唤醒了妈妈的记忆,我想起来这些内容小时候也学过,谢谢你!"孩子会很有成就感,会更愿意与父母分享。

如果孩子始终没有学习方面的成就感,就会兴趣大减。尤其是一些学习成绩平平的孩子,在学校里可能比较少得到老师的表扬,父母就要补上这一块,让孩子在家里有学习的成就感。在期末,父母可以对孩子说:"我们来总结一下这个学期你学到了什么。我记得数学你学了……语文你学了……真棒,你学了这么多东西!"这能让孩子觉得,原来学到东西就是成就,就是成绩,这是对孩子最好的鼓励。

之后孩子每次考完试回到家,不管孩子考得怎么样,父母总是笑眯眯的。我们不要让孩子感到,我们对成绩非常在意。一个孩子学习了那么长时间,又经历了有压力感的考试,父母要让孩子知道,孩子完成了学习,参与了总结学习成果的考试,父母就很满意。这就是很好的鼓励,也许父母都体会不到这样做的意义。有时候父母不需要讲什么,只要能够展现愉快的情绪,孩子就能体会到你的鼓励之意。

有些父母想要鼓励孩子学习,当孩子考得好,就打电话告诉很多人,还买玩具;考得不好,轻则指责,重则打骂。这就会给孩子负面的感受,让孩子觉得,考得好父母就高兴,考得不好父母就生气。孩子会很怕考得不好,很怕自己的成绩不能让父母满意,越害怕就越焦虑,越焦虑学习状态就越糟,形成恶性循环。所以,恰当的鼓励会促使孩子对学习有积极的情感,促使孩子有更好的学习状态。

对小学生来说,让他有积极的情绪投入学习更重要,他的内心才有力量迎接困难。

第四章

训练孩子的行为习惯

一个人的行为习惯一旦养成,是会固化的,往往难以改变,因而习惯养成是儿童阶段的重要任务。儿童的生活习惯、学习习惯都需要父母耐心地言传身教,以及采用合适的方法训练孩子。

在生活中,我们总是可以看到有些孩子人见人爱,他们彬彬有礼,做事有条理,对人有礼貌,遵守规则,很有教养。也有些孩子旁若无人,无视规则,没有礼貌,惹人厌烦。从孩子的行为可以看到孩子在家庭中养成的习惯,所以一个孩子的举手投足是受人欢迎还是惹人讨厌,父母是逃不了干系的。

是什么影响了孩子的习惯养成?首先是父母自身行为习惯的影响。如果一对夫妻没有睡前刷牙的习惯,他们的孩子也不会有这样的习惯。如果父母自己没有良好的行为习惯,又要求孩子养成,这个难度就太高了。也就是说,一旦父母要求孩子具备什么样的行为习惯,父母首先要检查一下自己的行为习惯,看看自己能否做到。如果自己并不具备这一行为习惯,就要为孩子试试看能否首先改变自己。尽可能自己先做到,孩子也就容易做到了。如果自己实在做不到,可以用一些方法激励孩子做到。

一是奖励。孩子都愿意接受奖励,奖励对孩子的习惯养成非常有效。想让一个孩子的行为反复出现,最后习惯成自然,可以预先与孩子谈好,他达到了什么样的标准就给予他想要的奖励。奖励可以是物质的,也可以是精神的。为了让孩子坚持做下去,奖励要立即给予,但不要马上兑现。比如说,孩子回到家先洗手,就马上给他颗五角星,等有了10颗五角星,就可以换一个喜欢的玩具或者换一次玩游戏的机会。

口头奖励有时候也很有效。例如,孩子回到家就马上洗手,妈妈可以说:"你达到了我们的要求,做得不错!"只要孩子做到就要对孩子如此讲,一段时间之后孩子就习惯了,他会对家长说:"不要再提醒了,我会去洗手的。"

二是惩罚。惩罚要尽量少用,因为它总是会给人带来负面的感觉。但是有时惩罚是必要的,可以采用惩罚的手段让孩子养成好的习惯。比如孩子睡前不肯刷牙,父母可以惩罚:若没有刷牙就上床,周末就减少玩游戏的时间。

实施惩罚时,一定要预先告诉孩子规则。什么情况下会遭到惩罚,惩罚如何实施,都要预先让孩子知道。一旦违反规定,惩罚就必须落实,不然以后再采用惩罚的手段就会无效。

三是训练。当一个孩子行为习惯不好,我们想让他达到我们的要求,他却无法做到,这个无法做到不是不愿意做到,不是态度上的问题,而是能力问题时,我们就要用训练来帮助孩子。

比如一个一年级的小学生,鞋带总是散着,说了很多遍也没用,很可能是因为他不会系鞋带。我们可以用训练来帮助他,可以把系鞋带的动作变成口诀:一穿孔,二拉紧,三系结。让孩子背熟口诀,然后妈妈按照口诀示范给孩子看,要一遍遍地示范,直到孩子学会。再让孩子按照口诀练习,最终完全熟练,以后这个孩子的系鞋带问题就不再出现了。生活习惯可以训练,学习习惯也可以如此做。

这里要提醒父母,奖励也好,惩罚也好,都不能与孩子的学习成绩联系在一起,不然会造成孩子的考试焦虑。

好的行为习惯还与亲子关系有关。如果孩子与父母关系不亲密,比如从小跟随老人长大的孩子,回到父母家中后,由于没有与父母建立亲密关系,但凡父母提出的要求,他们都不愿意接受,这是孩子产生了逆反心理。父母要先与孩子建立和谐关系,不然孩子是不会听父母的话的。

为了培养孩子良好的行为习惯,父母首先要培养自己的耐心。父母不要想当然地以为:只要父母提出要求,孩子就必须去做,做不到就该接受惩罚。这是个误区,不是父母说了孩子就要听,也不是孩子听到了就会去做。父母的爱、耐心以及合适的方法是孩子养成良好行为习惯的关键。

所以,想让孩子养成良好的行为习惯,父母首先要修炼。

怎样给孩子立规矩

父母往往对孩子有很多期待,希望自己的孩子有良好的行为习惯,按照立好的规矩顺利成长。

父母往往发现,给孩子立规矩很困难,孩子很多时候不肯配合。有时父母想让一个孩子去完成一个任务,总会很苦恼,需要一遍遍地催促,孩子会装作没听见,甚至会出现所谓的熊孩子,不服从父母的命令,不遵守规矩,让父母烦恼不已。

其实父母往往有认知误区,他们觉得孩子喜欢毫无约束、随心所欲的生活。实际上,孩子非常愿意过有规矩的生活。一个家庭如果有规矩,孩子的行为有章可循,反而让孩子明白自己可以做什么、不可以做什么,孩子可以很好地管理、分配自己的时间。放纵式的家庭教育会让孩子无所适从,不知道哪里是行为界限,哪些是不合适的行为,自己该如何做。

既然父母希望孩子守规矩,孩子也愿意接受有规律的生活,那为什么现在父母给孩子立规矩总是失败呢?原因是父母们没有掌握立规矩的技巧和方法。凡要立规矩,一定要遵守一个原则:规矩规定的一定是孩子力所能及的事情。如果孩子没有能力办到,父母就无法成功地在家庭中立下这条规矩。父母给孩子设计的规矩,通常都是需要父母和孩子合作的事情,比如睡觉、吃饭。这些合作不存在孩子会不会做这一问题。

具体操作方法应该是这样的：父母预先考虑好奖惩制度，在孩子做对或者做错时，及时给予奖惩，加深孩子的印象。举个例子，很多父母不愿意让孩子长时间看电视或者玩电子产品，希望孩子每次只看一集动画片，只玩20分钟电子产品，父母该如何让孩子遵守这样的规矩，培养良好的行为习惯呢？

首先，父母要和孩子沟通，预先和孩子报备要立规矩这件事情。以不允许长时间看电视为例，父母可以告诉孩子："我们今天要开始限制看电视的时间了。"

其次，和孩子解释这样做的原因。父母可以告诉孩子长时间看电视会影响视觉神经发育，老了容易得白内障，看不见东西，哪里都去不了。

最后，父母要告诉孩子具体的实施计划。每一次看动画片只能看一集，看完后妈妈会来通知："一集动画片看完了，妈妈来关电视机了。"这句话说完，妈妈就立刻关上电视。之后父母要让孩子复述一遍规矩，加深印象。第二天，当孩子看完一集动画片，妈妈应当立即实行昨日立下的规矩，一字不漏地告诉孩子："一集动画片看完了，妈妈来关电视机了。"然后关掉电视。这就是所谓的程序公正。

如果孩子因为不能再看电视而发脾气，在地上打滚哭闹，不接受昨天他已经同意的规矩，父母这时候不应该发表任何感受和意见，只需要默默看着孩子，或者走到一边，让孩子自己冷静一会儿。因为这是昨天和孩子已经商定好的事

情,所以无论孩子怎么反抗、耍赖、哭闹,父母都应该坚持原则。通常孩子在哭闹半个小时后会恢复平静,这时候父母依旧保持沉默,不责备孩子,不对事件发表评论。到了第三天,父母依旧如此执行规矩,孩子会联想到前一天自己的哭闹得不到关注,没有任何结果,便会乖乖地服从。第四天,孩子甚至会主动要求妈妈关电视:"妈妈,我一集动画片看完了。"立规矩的步骤便是如此,父母可以举一反三,在其他事情上尝试立规矩。

立下了规矩,习惯也就养成了。这个过程中既没有打骂孩子,也没有哄孩子;原则坚持了,也没有伤害孩子的自尊。长大之后孩子会认为自己的父母掌握了好的教育方法,对父母的规矩心服口服。

孩子早上不肯起床

我们常见到父母在清晨不断叫自己的孩子起床,甚至责骂孩子,天天重复,孩子却充耳不闻。这样的难题如何破解?

孩子早上不肯起床,尤其在冬天,确实是每一个有小学生的家庭最头疼的事情。早上往往孩子睡得很熟,父母需要观察孩子早上的状态,到底是睡不醒,还是已经醒来但不愿意起床?如果孩子是醒不过来、处于嗜睡的状态,说明孩子昨晚睡得太晚了,没有睡够;如果孩子已经睡醒却不愿意起床,说明孩子只是想赖在床上享受一会儿。父母要解决孩子赖床的问题,可以参照"怎样给孩子立规矩"的做法,预先和孩子商定起床时间。

父母首先要告诉孩子离开家出发去学校的时间和规则,例如妈妈可以这样说:"我们上学日每天早上7点40分从家里出发去学校。妈妈会提前40分钟,也就是7点的时候来通知你起床洗漱。我会给你5分钟赖床的时间,5分钟后妈妈会再来喊你起床。你可以决定是自己穿衣服还是妈妈帮你穿衣服。穿戴整齐后我们再去洗漱,然后吃早餐。如果到了7点5分你没有起床,耽搁了时间,到了7点40分我们又必须出门上学的话,那么不管你有没有刷牙洗脸和吃完早饭,我都会带你出门。因为你已经是小学生了,是不能迟到的。"

第二天早晨7点,妈妈需要按照规定进房间通知孩子:"7点了,起床啦!"尽量不要有多余的话语。5分钟后再次走进房间问孩子:"你决定妈妈给你穿衣服,还是自己穿衣服?"如果孩子没有反应,仍然躺在床上不理睬妈妈,这时候父母要等在旁边或者走出房间,不要发出任何声音,一直等到7点40分。如果孩子还没有做出任何选择,父母应在此刻果断地把孩子直接从床上拉起来,带上孩子的衣服和书包,送他上学。孩子一定会在车上哭闹:"我还没换衣服!还没刷牙!还没吃饭!我要回家!"父母不需要有过多的回应,不管孩子怎样吵闹,都不要说话。只需要把孩子安全送到学校,告诉老师孩子的情况,嘱咐老师协助自己,不要评论、批评孩

子,只需要稍后帮孩子换好衣服即可。

同学看到孩子穿睡衣来上学,一定个个捧腹大笑,嘲笑他,这时候孩子就会感到羞耻,下次不会再犯。放学之后,妈妈依旧需要保持沉默,不对事情发表任何评价,不说一句话,第二天继续实施同样的规矩。第二天,你会发现孩子像兔子一样,主动从被窝里跳出来,自己穿衣洗漱。妈妈看到后不要着急表扬孩子,尽量少说话,因为孩子现在的行为是未来需要养成的习惯,是孩子必须要做的事情。如果孩子要求父母帮忙穿衣服,父母不要拒绝,也无需担心是否会宠坏孩子。很多父母在孩子独立性的培养上存在误区,认为不让孩子自己穿衣服孩子就不具备独立性,其实孩子是否会自己穿衣服并不能代表孩子是否有独立性,独立性的培养应该更多地考虑孩子是否具有独立的判断能力。特别是在冬天,父母如果帮助孩子穿衣服,能更快地完成早到学校的任务,何乐而不为呢?父母要放心,这个世界上绝少有人长大后也不会穿衣服。

到学校后,妈妈要及时提醒老师在班级里公开表扬孩子,这样会让孩子昨天的羞愧心理一扫而光。

这里需要提醒的是,这个习惯养成的操作要尽量放在夏天,孩子在不换睡衣的情况下不容易感冒生病。父母同时要注意,早起的习惯应该在孩子小学一年级的时候养成,有益于他整个小学阶段的生活。

准时起床的习惯一旦养成了,一个家庭获益几十年,父母轻松省力。

让孩子自己整理书包

很多父母从孩子上小学一年级到六年级,一直叫苦连天:"我的孩子那么大了还是不会整理书包,这么乱怎么找得到课本,怎么好好学习呀!"

父母想让孩子整理书包,天天唠叨,堪比复读机,但是孩子依旧不以为然,对父母的教导充耳不闻。其实整理书包和整理玩具、整理衣服一样,并不是孩子与生俱来的本领,需要合适的训练。父母可以参照以下操作方法来教孩子整理书包。

首先,父母要温和地告诉孩子:"你现在是一名懂事的小学生了,需要自己整理书包。妈妈现在来教你,你要认真地跟着学习,直到会自己整理书包。"其次,妈妈要带领孩子背口诀,练习如何整理书包。要教会孩子一个技能,最快的方法是把训练的内容编成口诀。朗朗上口的语言会让孩子学得更快,记得更牢。妈妈可以模仿广播体操的节奏编口诀,如:"一口袋,放课本;二口袋,练习册;三口袋……"在练习中,妈妈可以这样说:"你看,你的书包的第一个口袋是放课本的,第二个口袋放练习册,第三个口袋放笔袋,第四个口袋放水杯,第五个口袋……我们要记住顺序。你现在跟妈妈念一遍:'一口袋,放课本;二口袋,练习册;三口袋,放笔袋;四口袋,放水杯……'"至少要连续让孩子背口诀20遍,直到孩子不耐烦。最后,父母把书包里面的东西拿出来,一边念口诀,

家有小学生
——给烦恼父母的实用秘籍

一边演示给孩子看,接着让孩子自己尝试一次。连续练习至少10遍之后,问问孩子学会了没有。如果还没有记住,父母就重复几次,直到教会孩子整理书包。

父母要这样想:小狗经过训练也能掌握很多动作,人怎么可能训练不会?只要掌握训练的原则和操作方法,一定会让孩子学会整理书包。训练的过程不需要呵斥,不需要责备,掌握方法很容易就让孩子学会了。

让孩子按时上床睡觉

对小学生来说,最重要的是保障充足的睡眠。可以肯定,能让孩子每天准时上床的父母是非常有教养、有经验、有能力的父母。

让小学生准时上床,困难在什么地方?一方面,小学生不能理解自己为什么晚上要早早地休息,孩子会质问父母:"为什么我要比你们早上床?为什么你们可以看电视,我要睡觉呢?"另一方面,父母没有使用正确的方法让孩子按时上床,使得孩子无论是在心理上还是在生理上,都没有形成按时上床的习惯。

如果希望孩子有好的作息习惯,父母可以和孩子预先商量,解释给孩子听:"你是小学生,需要按时上学,所以一定要提早上床睡觉。你年纪还小,不像爸爸妈妈,我们已经是成年人,而你的大脑和身体都还在发育阶段,如果不能保障睡眠时间,你可能会变得反应迟钝、身材矮小。你也不希望这样吧?爸爸妈妈上小学的时候也是要9点就按时上床睡觉的。"接着告诉孩子家庭规矩:"我们在上学日需要在9点钟准时上床睡觉。在8点40分时,妈妈会提醒你还有20分钟洗漱时间。我会关掉家里所有的大灯、电视和电子设备,留几盏小灯。只要妈妈宣布'我们准备睡觉了',你就要停下手头所有的事情,去卫生间刷牙洗脸,准备就寝。等你洗漱完毕,我们就上床睡觉。"

第二天,父母开始执行前一天商量好的安排。在关掉大灯后,家里所有成员都尽量不再说话,为孩子制造安静的睡眠气氛至关重要。接着妈妈带着孩子去卫生间洗漱。如果这个时候孩子开始反抗,大叫:"我不去,我还没看完电视呢!""我作业还没有做完呢!"父母不要回应他,只要拉着孩子的手去洗手间,按部就班地洗漱。如果孩子在原地耍赖、抗拒、推搡,父母需要态度非常强硬地拉着孩子去卫生间完成下一步任务,但千万记住,不要发表任何意见或者指责孩子。不管孩子怎么哭闹,父母都要保持沉默,坚持帮助孩子按规矩把所有事情做完,然后让孩子上床睡觉。父母可以待孩子上床后,轻轻搂抱孩子,安抚他的情绪。等孩子安静下来,父母就可以静静地退出孩子的房间干自己的事情。这样的习惯训练需要维持半月之久。半个月之后,孩子就会形成条件反射,只要妈妈一宣布睡觉时间到了,孩子就会哈欠连天,乖乖地去睡觉了。

按时上床睡觉的好习惯养成了,孩子白天精力旺盛,注意力集中,自信心强,学习效果自然也更好。

放学回家后先做作业

在讨论问题之前,我们回想一下身边各家孩子的情况,问一问,有哪些孩子回家会先做作业,这样的孩子肯定少之又少。

小学生下午三点半放学,父母还在上班,多半是爷爷奶奶来接送孩子上下学。而回家后,爷爷奶奶很难监督孩子做作业,总是要等到父母晚上回家后,紧盯着孩子做作业。父母难免抱怨:"孩子为什么不能在放学后到吃饭前这一段时间主动做作业呢?等我晚上回家,孩子已经玩得疲惫不堪,完成作业的时间一拖再拖,我都变得烦躁了。"

父母既担心孩子做作业的时间太晚,影响睡眠,又担心孩子没有在自己眼皮底下做作业,会偷工减料,完成的质量差。父母如此苦恼的一部分原因来自自己的焦虑。他们习惯于深度干预孩子的做作业情况,怕孩子落后于他人。另外一部分原因是,学校也常派发任务给父母,希望父母监督孩子完成家庭作业。父母应该意识到,孩子回到家先做作业益处多。父母回到家后,孩子已经完成了作业,父母就可以陪孩子玩一会儿,增进亲子关系。

应该如何纠正孩子的习惯呢？爷爷奶奶接孩子回家后，立刻让孩子到书桌前做作业。如果孩子提出"我要玩变形金刚"等要求，不要拒绝，可以让孩子边玩边写。在房间里相对安静的环境下，孩子玩一会儿玩具，会觉得没意思，再看到面前的课本和作业就会主动做作业。小学的作业量相对较少，孩子边玩边写的情况下，花不了太长时间就能完成。爷爷奶奶不必监督孩子，让孩子自己在安静的房间里完成作业。等父母回来，基本就剩些辅导难题、查缺补漏的工作了。这样孩子也不会处于疲惫状态，父母也无需长时间陪同做作业。

坚持半个月，孩子就能养成回家就做作业的习惯。这不仅有助于孩子有足够的睡眠时间，也能减轻父母的工作量，让大家心情愉悦。

提醒一下：让孩子一回家就做作业的关键点是，孩子写作业没人干涉，做不出来的题目等父母回家讲解；父母不反复讲知识点，精力放在完成作业上，不让孩子对作业产生厌恶感。

不催促就让孩子行动起来

有孩子的家庭里最经常出现的情景是，父母让孩子做什么事，已经说了五六七八九遍了，孩子依旧无动于衷。

在很多家庭中，我们会看到，父母对孩子大吼："快过来

吃饭呀!叫你哪,你还没听见?!""快去刷牙洗脸,都10分钟过去了,也不挪一步!"孩子淡定自若、熟视无睹的样子气得父母暴跳如雷,控制不住地发脾气。很多家庭因为这样的问题产生了亲子冲突,从一开始言语上的冲突一直上升为肢体上的冲撞。父母的打骂声和孩子的哭闹声混杂在一起,弄得家里鸡犬不宁。父母总也不明白,为什么我家的孩子非要等到大人发火,要动手打人了才肯行动呢?

孩子迟迟不对父母的指令做出反应有几种原因,需要父母仔细分析。

第一种原因是孩子正在专心致志地做自己的事情,比如拼图、搭积木、做作业等需要集中精力的事情。孩子不愿意分神,不希望别人打断自己的思路,自然不会搭理父母。儿童有一个特点——他们不会充分表达自己的需求,比如"妈妈,我要搭完这一个建筑再去吃饭"。所以父母在"指挥"孩子前要观察一下孩子在干什么,不要随意打断孩子的思路。

第二种原因是孩子对父母有抵抗情绪。例如父母答应孩子的事情没有做到,让孩子很生气。有的父母答应孩子周末带他去公园踢足球,但是突然反悔了,要带他去朋友家做客。这时候孩子处于失落中,内心想着"你们不守信用,谁要理你们",然后用各种"不听话"来抵抗父母。父母发现后要及时在孩子面前承认自己的错误,取得孩子的理解和原谅,并且告诉孩子不可以"以暴制暴"。不道歉,孩子可会"记仇"上一段日子。

第三种原因是家里对孩子发号施令的长辈太多,孩子实在不知道该听谁的。左右为难的情况下，就干脆选择谁都不理睬。例如，有时候奶奶叫孩子来洗手吃饭，爷爷又叫他整理玩具，妈妈又指挥孩子做作业，爸爸又让孩子休息，等等。七嘴八舌的声音让孩子觉得烦躁，以后只要一听到父母说话就会立刻屏蔽他们的声音，自管自地玩去了。有的父母急得去拧孩子的耳朵，孩子大哭大闹一场后才慢慢开始行动起来。其实孩子大闹只是觉得自己很冤枉、很委屈。

想要孩子一听到父母的指令就行动起来，第一步需要父母仔细观察孩子的行为，看看他在干什么，受到干扰会不会生气。如果一定要中断他的工作，可以过去轻声和孩子商量："你做的这件事情很有意义，但是我们现在要去看电影，还要赶地铁。时间有限，咱们先放一放手上的事情，回头再继续，好吗？"孩子理解后一定会乖乖地配合你的行动。如果孩子只是单纯地不想理睬，父母需要停下来，不要连续对着孩子发布指令，要尝试问问孩子为什么不理人，是不是父母做错了什么事情让孩子不高兴了。找到原因，才能解决问题。

父母要有这样的认知：孩子听到你们的话，不一定会做，也不是一定要去做。孩子不像成年人一样会反驳父母的指令，很少用言语表达自己为什么不愿意，身为父母要懂得审时度势，理解孩子的真实意图，不应该总是强迫孩子，左右孩子的思想。比如冬天来了，父母喊孩子穿衣服："天气很冷，快去把毛衣穿上。"孩子口头上答应着，但是迟迟不行动。其实他内心在想："我不冷，我不要穿这件毛衣。"但他怕妈妈

责骂,讲一堆道理,便只能先应下来。

父母发的指令,有时候未必是合理的。父母要是认为,"我讲话你一定要听",将来孩子一定会叛逆。时代不同了,二十四孝孩子不存在了。

父母一定要耐心地解读孩子的内心,不要着急责备孩子。

让孩子做事有始有终

做事情有始有终一直是父母对孩子的最大期许。如果一个孩子能把一件事从头坚持到尾,说明他有自控力,父母平日训练得当。

要想让孩子做事有始有终,父母需要做到:尽量不干涉孩子的事情,只在孩子寻求帮助时出手相助,稍作提示。等孩子解决问题之后,父母不要对事情的结果做评价,而是针对过程和时间的把控做口头奖励。如孩子做手工,折了一只青蛙,妈妈不可以说:"折得好难看呀,妈妈给你重新折一个!"而应该说:"你只用了5分钟,就折了一只青蛙,真棒!"这强调的是时间与过程的联结。

父母应该让孩子意识到,完成一个任务要注意过程和把握时间,这样孩子才能在享受过程的同时把事情坚持做完。如果父母每次都对事情的结果做评价,孩子做什么事情都会以结果为导向。也就是说,孩子在开始做事情时就等着你的评价,如果觉得得不到好的评价,就没有动力去完成整个过程。当孩子是和其他小伙伴一起完成一件事时,孩子如果明显地感觉到他的能力不及别人,他就会中途放弃。这就是结果取向的坏处,因此父母要注重培养孩子做事时以过程为导向,鼓励孩子享受过程,淡忘结果。

能这样训练孩子的父母,往往在孩子的教育上不急功近利,注重孩子的长远发展以及良好品质的培养。焦虑不堪、追求一时效果的父母,难以培养出做事有始有终的孩子。

帮助孩子规划自己的时间

每到寒暑假,不少家庭都会给孩子制定学习及生活计划表,从几点钟起床,到什么时候吃饭、学习、玩耍、睡觉,每一件事都安排得仔仔细细。

很多父母都会选择和孩子一起制定时间计划,让孩子自己安排每天的活动事项及时间。听起来,让孩子自主安排时间显得非常科学和大度,但是为什么大多数时间安排表会以失败告终呢?

问题在于制定学习及生活计划表本身就是很荒诞的事情。孩子不是机器,不可能每分每秒都按制定好的时间表来做事情。老话不是总说,计划赶不上变化吗?孩子可能今天

在9点到10点这个时间段非常想看小说,10点到11点之间想做数学,可是时间表上的安排是先做数学题,再背英文单词,孩子就会非常不乐意去完成计划。父母看到计划被打乱,急得跳脚,又是骂又是打,孩子被骂后看到计划就开始反感,拒绝执行,父母又很失望,形成恶性循环。

很多父母误认为孩子不懂得安排时间就表示孩子没有远见,不懂得考虑未来,将来可能没有什么大出息。其实,如果父母制定了时间表,让孩子按部就班地做事,会抹杀孩子的创造性和灵性,等同于把校园生活复刻到家中,让孩子始终生活在学习的压力下。没有人愿意生活在这样的环境里,不管是小孩还是大人,都希望过有张有弛、轻松愉快的日子。如果孩子严格按照父母的时间表生活和学习,反而让人担心,因为一个不具有心理弹性的孩子进入青春期后,容易患强迫症、抑郁症等心理疾病。

父母们可能会反问:"可是寒暑假那么长时间,总不能让孩子稀里糊涂地玩过去吧?"父母们可以告诉孩子每天大致的生活内容,如一天之内完成两项语文作业,去探望外婆外公和踢球。再根据孩子的年龄,调整学习、娱乐和运动的时间分配就可以了。如小学生大部分时间应当用来玩耍和运动,初高中生应当适当减少玩乐的时间,用以补充学科知识。如果父母要另外安排绘画、摄影、钢琴等艺术课,就要询问孩子愿意割舍哪一块时间,比如减少玩耍的时间或者运动的时间。

如此做,孩子会明白如何规划自己的时间,每天都有预先的内容安排,真正实现了规划时间,而不是以小时来划分任务。

另外要提醒父母：寒暑假是孩子们的假期，他们内心是把它当作自己玩耍的时间的。父母一放假就开始为孩子做时间规划，会让孩子产生抵抗心理，这会影响他真正学会合理规划时间。

成为有毅力的孩子

很多孩子学东西是三天打鱼，两天晒网，头三天兴致勃勃，第四天就说什么也不愿意去了。如何培养孩子的毅力呢？

父母首先要明白，孩子不能坚持做一件事很大原因是因为他没有选择权。父母选择的事情未必是孩子自愿做的事情，孩子会认为："我不喜欢这件事，凭什么要坚持下去？"有些父母会有疑惑："我每次都是和孩子商量过的，孩子同意了才让他去学习的，怎么最后他又不乐意了呢？"其实，很多孩子当初会同意主要是想讨好父母，认为自己只要答应去上课，就能看到父母开心的笑脸。父母要明白，孩子的妥协只是为了换取你们一个满意的微笑，这一切不过是父母一厢情愿的选择。

能持之以恒做事的孩子有两个特点：

一是孩子愿意尝试，对某件事有天然的兴趣。有些人生

来具有某方面的天赋,如记忆力强、热爱绘画或音乐等,他们对擅长的事情会有极大的兴趣。如果孩子像钢琴家郎朗一样有很强的音乐天赋的话,他就会自觉地尝试乐器。但毕竟有天赋的孩子在人群中占少数,大部分孩子因为年幼,正处于探索阶段,未必能在短时间内发现自己真正的兴趣所在。对于孩子不感兴趣的事,如果他不能持之以恒地做下去,父母不用大惊小怪,不要上升到他没有毅力这样的高度,也不要怪罪孩子,而应该鼓励孩子继续探索自己热爱的事情。

二是孩子具有探索真理的强烈欲望,打破砂锅问到底,不达目的不罢休。属于这种性格类型的孩子,往往做事能坚持到底。对真理强烈的探索欲望就是持之以恒的必备元素。幼儿阶段是培养孩子探索欲的关键期,父母要鼓励孩子发现问题、探索问题,引导他们解决问题。要成功培养孩子的探索欲,父母不能对孩子有过多指导性或指令性的行为和言语,孩子在不断尝试后会发现他们的兴趣所在。

中国首位获得诺贝尔奖科学类奖项的女性屠呦呦就是一位极热爱医学和极具探索欲的人。失败对这类人来说和吃饭一样轻松平常。纵使经历再多的失败,都不能打击他们的自信心,打垮他们坚持不懈的精神。当然,屠呦呦是个特例,但是依然能说明,要让孩子有毅力,需要具备高度的兴趣和探索欲望这两个条件,而不是今天你让孩子学钢琴,孩子就必须坚持学完数年的钢琴课。即使孩子听你的话,学了十年钢琴,也考过了十级,他依旧可能不喜欢钢琴。

父母需要给予孩子很多的自由和时间来探索其兴趣所

在,因为有些孩子直到上高中甚至读大学之后,才能确定内心的需要,决定一生想投入的领域。

另外,一个孩子有情绪困扰,心神不宁,是很难坚持做一件事的。要让孩子有恒心,可别忘了情绪的稳定同样重要。通常我们可以看到,在整天吵闹的家庭中,孩子很难持之以恒地做好事情。

孩子沉溺于电子游戏

电子游戏并不是洪水猛兽,需要全面禁止,与孩子彻底隔绝开。在数字时代,这也成为不现实的事。

电子游戏会诱使孩子在某种情境下探索,既能满足孩子在游戏过程中获得成就感的需要,又使孩子在探索过程中体验各种情绪,如兴奋、沮丧、愤怒、满足等,给予孩子丰富多彩的体验,孩子迷上电子游戏是再正常不过的事情了。

希望父母能意识到并接受电子游戏能给孩子带来心理上的真实乐趣这一事实。但从生理角度来说,在孩子自制力还不足的年龄段,长时间打游戏的一大坏处就是对孩子的眼睛和脊椎发育造成影响或永久伤害。所以,对父母来说,未必需要命令孩子不许玩游戏,但一定需要干涉孩子玩游戏的时间。

身处信息时代,要把孩子和电子产品完全隔离开,等同

于螳臂当车,自不量力,根本不具有可行性。那我们应该如何帮助孩子学会自控?

首先,父母和孩子都要承认电子产品带来的好处,不要让孩子在玩耍时有自责和内疚感。不要把电子游戏和学习对立起来,说"你打游戏,你的学习就完了"之类的话。这是逼孩子在打游戏和学习这两件事上做选择,几乎所有孩子都会选择打游戏的,父母没有胜算。

其次,告诉孩子电子产品可能对他的身体造成的伤害。比如,妈妈可以对孩子说:"你年龄还小,视觉方面的神经还没有发育完全,人类又没有发明既能保护眼睛又能让你长时间玩游戏不疲惫的产品,所以妈妈现在要控制你的游戏时间。你做得到吗?如果做不到每次只玩30分钟,妈妈就会来提醒你。提前5分钟告诉你,准备结束游戏,到点我就会收掉你的电子产品。一旦你违背我们的约定,我就会把电子产品锁起来让你拿不到。在周末,你可以分几个时间段多次玩电子游戏,但是在上学期间,你一定要先做完作业,然后才能去玩。这个你能理解吗?"在和孩子交涉一番后,父母就应该严格按照约定执行,帮助孩子养成好习惯,切勿因为孩子耍无赖就半途而废。

父母要明白,在小学阶段,孩子无法自控,一定需要父母来帮忙控制玩电子游戏的时间。如果孩子吵闹,威胁父母不做作业,父母不需要有什么反应,绝不讨价还价。无需多言,让孩子感受到父母的坚定。养成习惯之后,就不会再纠结于这件事了。

孩子不肯好好吃饭

小学阶段,一般来说吃饭不是问题。但也有一些孩子,严重挑食或者厌食,让老师和父母为之担心。

小学阶段吃饭仍然有问题的话,可能有两种原因。

第一种原因是,这是个脾胃虚弱的孩子。生活中也确实见过这样的孩子,他们常常面黄肌瘦,有黑眼圈,讲话声音很轻,脸色发黄,吃饭很少。这类孩子的消化能力比较差,现在并不少见,形成原因很多:有些是先天脾胃发育不好,也有些是小时候父母没有养育经验,给了孩子过多油腻的食物,使得孩子脾胃损伤,之后胃口变差。

如果孩子到了小学阶段还厌食、挑食,中午在学校吃饭的时候父母就会很担心,会惦记着学校中午的饭菜是否适合孩子吃,孩子能不能吃饱,父母会有心理负担。

这种情况下,父母可以先和老师打个招呼,告诉老师孩子的问题以及医生的建议,让老师知道,自己的孩子吃饭有可能会慢一些,有可能不能吃过于油腻的食物,有可能有些食物不能吃。老师知道这种情况后,就可以适当关注和照顾他。这样做之后,若孩子吃得很慢,老师也不会催促他。孩子吃饭的时候就不会有心理负担,不会因为吃饭慢、挑食受到指责。学校里一个老师要管几十个孩子,如果不了解情况,父母没有预先的沟通,就容易产生误会,批评孩子。

同时,这类孩子在一些课程上表现较差,比如体育课,他

们往往缺乏耐力,运动了一段时间之后就停下来。父母要知道,孩子的养育是养在先,把孩子养好是首要问题。在小学阶段,务必重视"养"字,而吃是养的重要方面。因此,父母不能忽视这类挑食和厌食问题。最好带孩子去看医生,对症治疗。孩子调理的过程可能比较慢,父母要有耐心。

此外,如果孩子挑食,父母不要总是强调这个问题,告诉大家我们家孩子挑食。孩子总是听到这样的话,就会形成心理暗示。父母可以当着孩子的面,吃孩子不愿意吃的食物,并且吃得有滋有味,让食物看起来很好吃,这样做多少对孩子有诱导作用。

第二种原因是,孩子吃饭习惯不好。比如,孩子吃饭时要看电视,要玩玩具。没有养成良好的吃饭习惯,是因为幼儿时没有立下吃饭规矩。这时候就必须立吃饭的规矩,例如吃饭时坐在固定的座椅上,这对孩子的好处是:帮助孩子形成一种仪式化行为。吃饭时大家都是坐在饭桌旁,什么事也不干,专心吃饭。最好吃饭时的座位固定下来,谁也不换位置,这是规矩的一部分。父母也要做榜样,在吃饭时不看手机。如果孩子吃饭时要看电视,父母可以告诉孩子,吃饭时看电视会妨碍他人,所以不能看,大家都需要遵守这一规矩。习惯一旦养成,孩子吃饭时就会心无旁骛。

父母要区分孩子不好好吃饭属于哪种情况,有针对性地帮助孩子解决问题。

让孩子学会做家务

现在孩子在家里承担家务劳动的情况很少见,父母既怕浪费时间,影响孩子学习,又担心他做不好,索性把家务全包了。

让小学生学会做家务,这是一件好事。

做家务会给孩子带来很多好处:首先,这是一个动手锻炼的机会。不管是倒垃圾、取报纸,还是扫地、擦桌子,都是动手锻炼的好时机。现在的孩子动手的机会太少,如果孩子可以动手做力所能及的事,绝对是个好事情。可惜父母很少有意识地让孩子动手做事,父母总是觉得,现在孩子的学习任务很重,学习的时间都不够,哪有时间做家务?这不是耽误学习吗?这样的想法是大错特错,孩子做家务锻炼出来的责任心和能力都会迁移到学习上。

其次,孩子做家务有责任落实的问题。父母让孩子做家务不要只是一时心血来潮,哪一天突然想到了,命令他去倒垃圾或者扫地。应该把责任落实到孩子头上,告诉孩子:作为家庭的一员,你应该承担家务。现在你年龄少,可以少做些事,但并不是不做事。让孩子看看他能做什么事情,自己选择某件事来完成。比如说孩子选择取报纸,父母就给他报箱的钥匙,让他每天从学校回家时先开报箱取报纸,这件事就是他的责任。之后,父母就不要提醒孩子。如果孩子没有拿报纸,第一天不要管;如果第二天还没有拿,就问孩子,为

什么没有报纸看,要求他到楼下把报纸取上来。要告诉孩子:凡是没有报纸看,没有信件拿到,就向你追责。这样做孩子就会有责任心,知道这件事情必须由自己来。以后你就会看到这个孩子每天回家自动去拿报纸和信件。这件事情既然是他的责任,履行责任就是应该的,父母不要过多表扬。过多表扬反而让孩子觉得这是他额外做的事。久而久之,孩子的责任感建立后,没有取到报纸的话,孩子可能比谁都着急,比谁都惦记着;报纸万一没有送来,他一定第一个知道。

做家务也是对能力的锻炼,一个人的能力就来自不断地做事情,事情做得越多,能力就越强。从家务劳动中学到的东西都会迁移到学习上。

现在很多父母的烦恼是:孩子对学习不负责任,将学习视为为父母做的事。父母也因此必须每天督促和安排孩子的学习,哪怕到了周六周日,学习之外的其他活动也需要父母安排。其原因就在于孩子没有责任感,坐等父母处理事情。若孩子经常做家务,有了责任感,学习的主动性就相对好很多,会自动安排自己的生活和学习。所以不要小看做家务这件事,从小承担家务活的孩子,长大之后往往是个比较负责任的孩子,是个做什么事情都比较像样的孩子。

做家务并非可有可无,它确实是件对孩子的成长有正面作用的事情。孩子离开家庭独立生活之前根本没有承担过家务劳动,自己独立生活后就会把家里和自己的事情弄得一团糟。父母要让孩子承担家务,这对孩子大有好处。

第五章

鼓励孩子
与同伴交往

小学生的同伴交往问题决不能忽视,如果一个孩子与同伴交往的情况很糟糕,就预示着这个孩子将来会有发展障碍。

孩子都需要玩伴,他们都喜欢呼朋引伴,聚在一起,打打闹闹。同伴交往是孩子成长的养分,必不可少。父母意识到这一点后,就要为孩子创造与同伴交往的机会。小区里的同龄伙伴、同班同学,父母都可以主动邀请他们到家里玩,或者相约到某个地方一起玩。孩子和同龄伙伴一起玩,就能学会如何与人打交道。

善于与同伴交往的孩子往往是在这样的家庭中长大的:父母(特别是母亲)心胸开阔,家庭是开放式的,常有亲朋好友来往。父母从小带着孩子接待客人,让孩子潜移默化地学会接人待客之道,学会应该怎么样面对陌生人,怎样让客人感到愉快。孩子因此学会理解他人的情绪,体谅他人的心情。这样的家庭孩子也经常有机会外出,可以看到外面更广阔的世界,增长见识,心胸就不会狭隘。与小朋友交往时,这种孩子表现更得体,更易被人接受。

有些孩子的父母,本身性格内向,自我封闭,总让孩子处在狭小的斗室里。除了关心孩子的学习,很少关注孩子的内心世界,更不会关心孩子是否能够形成良好的社交技能,能

够理解他人的情绪,而这正是孩子在社会中适应良好必不可少的条件。

还有些父母,生怕孩子的精力和时间用在除学习之外的其他事情上,把孩子的时间排得满满当当,除了上课还是上课,孩子没有机会与同龄孩子玩耍。或者说,他们能看到同龄孩子,但是不能在一起自由地游玩。

孩子与同伴玩耍的欲望长期得不到满足,这种欲望就会被抑制,逐渐减弱,哪怕将来他有机会和同伴待在一起了,也会显得笨拙、手足无措,甚至产生病态反应。

孩子的同伴交往给他们带来的快乐是独处享受不到的。他们在一起时经常很"疯",放肆玩耍,开怀大笑甚至大哭,成人可能觉得吵闹,但这是他们维持心理健康必需的养分。一个从来没有和同伴一起"疯过"的孩子,长大了患心理疾病的风险也比其他人高,因为童年是人一生中最简单放肆、最快乐的时光,而同伴游戏最能满足孩子内心的需要。

给孩子提供同伴交往的机会,是培养孩子健全人格的条件。现实中,一些孩子在学校里难以与同伴交往,总是形影相吊,这样的孩子似乎越来越多,这一定要引起老师和父母的重视。同伴交往困难的孩子情绪状态差,学习会受影响,也影响健康人格的形成与发展。

当孩子在学校中无法与同伴交往,父母要去班主任那里了解情况,让班主任观察孩子一段时间,看看问题究竟出在什么地方。如果问题源于神经功能障碍,还需要寻求专业人士的帮助。

所有的孩子都可爱

在这个世界上,孩子是最天真烂漫的。他们很少存在道德品质问题,也很少会真正恶意地攻击他人。

在小学阶段,不管是民工的孩子,还是市长的孩子,都一样平等,一样可爱。

作为父母,一定要鼓励你的孩子和所有的小朋友愉快相处。不同的孩子拥有不同的气质类型,发育的状态也不尽相同,并非同步。有些孩子长得高,有些孩子长得胖;有些孩子学习能力强,有些孩子运动能力强;有些孩子害羞腼腆,有些孩子活泼大方……父母和老师不能因为孩子状态与特点的不同,就把孩子分成三六九等——"好学生"和"坏学生"、"优等生"和"差生"等。

可惜的是,在很多小学,我们已经看到有些老师和父母会给孩子贴标签。长期被标签化,孩子自己甚至会认同贴在自己身上的标签,有些孩子已经自认为是"差生"。一个确认自己是差生的孩子一定会表现得不可爱,因为他会不停地捣乱,妨碍别人,以"符合"自己的形象。当老师把一个学生定义成不可爱的孩子后,其他所谓"可爱的孩子"可能会一起排斥他。被排斥的孩子会变得越来越"差",越来越不受欢迎。

为了避免自己和别人的孩子承受同伴间不平等的待遇,增进孩子间的友谊,父母首先要认同,所有的孩子都是可爱的。如果他们身上有各种各样的行为问题,或者各种习惯问

题，也只是由于父母错误的家庭教育或者孩子天生的气质类型不同造成的，也有些孩子神经发育天生落后，这些并不是孩子的错。

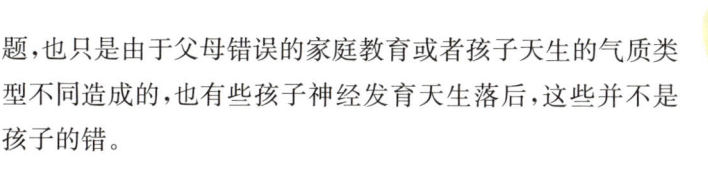

当父母有这样的认知后，潜移默化地灌输给自己孩子的教育也会是博爱的、大度的，孩子同样会认为所有的同学都是可爱的，会善待每一个同学。

小学阶段是学会与同伴相处的关键阶段，将来孩子要与各色人等打交道，父母不要给孩子设置交友障碍。

不能帮孩子挑选伙伴

当孩子步入小学阶段，有些父母会特别注重孩子与同伴之间的交往。他们怕孩子"学坏"，会用成人的眼光，根据自己的意愿来帮孩子挑选玩伴。

为孩子挑选伙伴的父母，通常会选择那些学习成绩优异、见多识广或善解人意的孩子，而学习成绩比较落后、社交能力差、比较封闭的孩子会被排斥在外。

父母帮孩子挑选朋友的坏处会在成长后期体现出来。孩子经常听父母的教唆，今天排斥欺负他的同学，明天不和成绩差的同学交往，对朋友常挑刺，长大后会变成一个小心翼翼、爱猜疑的人。他们会非常防范别人，总是怕自己吃亏，因此也不容易获得真朋友。

曾经有个女孩,暂且叫她小A吧。她从小和小B生活在同一个小区,青梅竹马,从幼儿园到小学一直是同班同学,两人的关系非常好。但是小A的妈妈在观察过她们的相处过程后,非常反对她们来往,因为妈妈认为小B在控制她的女儿,总是让女儿干这干那的,所以妈妈每天在女儿耳边念叨:"你和小B在一起玩会吃亏的,她总是指挥你干事情,你又不是她的丫鬟。"每次女儿回来,妈妈总是问:"今天小B又叫你干什么了?"然后数落女儿总是吃哑巴亏,"这个事情本来应该小B自己做的呀,怎么叫你去做呢?你看你,又吃亏了吧!让你别和她来往你不听!"妈妈甚至为了这件事想让女儿转学,但是女儿坚决不同意,依然和小B做朋友。直到小学五年级,小A突然和家人说:"我现在真的好讨厌小B。她控制了我这么多年,我都亏死了。但是如果我现在不和她做朋友,就会遭到全班同学的排斥,因为小B和班级里的所有人都是好朋友。"和同伴交往的压力让小A心烦意乱,既影响学业,又产生极大的心理困扰。其实,小A最佳的玩伴就应该是小B。这位妈妈没有意识到小B身上的优点,如决策能力、优秀的判断能力等,这些都是小A应该学习的。小A的妈妈应该让女儿观察小B,模仿和学习她,从而变得自信、干练。

从小A的案例我们可以看到,小学生之间的交往父母不该干涉,也无法干涉,应当鼓励孩子跟所有的同学都同等交往。小朋友之间的交往也是动态的,是互动关系,不是一成不变的。父母不要用成人的理解去指导孩子,儿童时代交友被干涉的孩子,长大后交友困难的现象很常见。

平等面对孩子的伙伴

通常孩子在小学一年级的时候是以老师为中心团结在一起的,等到二年级的时候就逐渐有了与伙伴交往的需求。

小学生会像大人一样组成"小团伙",选择自己的好朋友,甚至纷纷邀请自己心目中的好伙伴来家里玩。父母们也非常乐意看到孩子们在家里玩得开心。但当孩子把朋友邀请到家里来时,有些父母就变得比较敏感,开始观察小朋友们的言行举止,了解孩子们的家庭背景,通过观察和自己的经验判断,对孩子的小伙伴分类,想看看他们是否合适做自己孩子的好朋友。如果父母对孩子身边的伙伴抱一种审视的态度,经常指导孩子"如何挑选伙伴",或者在孩子面前评论其伙伴的行为特点、外貌特点等,表现出欣赏或嫌恶的态度,你的孩子在交往中就会变得小心谨慎,习惯防范别人,因而错失很多益友。

孩子的小伙伴出现在父母面前,父母该如何正确面对呢?其实,和成年人一样,孩子们也"顾面子",有极强的自尊心,因此在小伙伴们面前父母要照顾孩子的需求,给足孩子面子。看到孩子们打闹,把家里弄得乱糟糟的,可千万忍住气,不要当着其他人的面责骂孩子,也不要对比孩子们的优缺点,说些"小明可比你乖,衣服干干净净的,比你爱干净"或"看静静的眼睛多大多亮呀"诸如此类的话。你的孩子如果频繁听到你夸别人,可能会心生嫉妒,对同学产生不满的情绪,甚至会从此拒绝与比自己优秀的孩子交往,社交状况变得非常糟糕。

为了防止糟糕的结果,父母要做到对孩子的每一个小伙伴都一视同仁,尽量不干涉、不参与孩子们的正常交友。即使孩子们在玩的时候出现不愉快,父母也不要马上站出来做裁判,或者讲一堆道理,可以用转移注意力的方法打断纠纷,如对孩子们说:"小朋友们,现在阿姨给你们讲个故事。""玩累了吗?来吃点水果。"气氛转好就可以了,父母可以退出了。最忌讳的事就是,父母出头长篇大论地讲道理。

当孩子被人欺负了

自己的孩子被人欺负了,父母往往非常愤怒,恨不得冲上去替自己孩子出气,但这往往会使情况更糟糕。

为什么有些孩子老被人欺负?原因有二:一是孩子个子比较矮小,体质较弱,容易遭到高大强壮的孩子的嘲弄和欺负;二是孩子的心理理论水平低,换言之就是孩子的情商低,不能理解他人行为背后的动机,较难感知他人的情绪变化。这两种特点兼具的孩子受欺负的机会往往最高。

个子矮小、体质较弱的孩子,除了要努力增强体质,父母也要让他学会怎么保护自己。情商低的孩子通常无法用顺畅的语言表达自己内心的委屈,即使受人欺负,也不会和父母或老师诉说。他们常常使用极端的情绪来发泄心中的不

满,如尖叫、发火等,因此容易被老师误解,以为他才是"罪魁祸首"。如此一来,欺负一个情商低的孩子成本就会变小,高大孩子们在容易逃脱罪责、不会受到批评的情况下,就更愿意去招惹和欺负情商弱、矮小的同学了。

父母要区分事情的性质,弄清楚到底是孩子间平常的打闹、开玩笑,还是真正的欺负与被欺负的关系。界定的唯一标准是看孩子的心灵是不是真的受伤了。例如:班里一个调皮的孩子A在门上放了一把扫帚,另一位同学B进门遭到了扫帚的袭击,只是问了一句"谁啊!有病啊!"就坐回位置,没当回事。而同学C在被扫帚砸到头后大哭大闹,觉得这是同学们针对他设下的"埋伏",在欺负他。对比来看,同学C的心灵明显受到伤害,父母就理应重视。鉴定这件事是不是"欺凌"不能以事情的程度来判定,更不能以成人的行为标准来衡量对错,而是要观察孩子内心的反应、真实的情绪。如果孩子的心灵受伤了,他就是受到了欺负。心灵受伤的孩子会有应激反应,如睡眠不安、发呆、注意力不能集中、害怕去学校等症状。

当孩子心灵受伤时,父母首先要冷静,不要破口大骂,在孩子面前诋毁欺负人的孩子。本来孩子并没有对这件事定性,父母一开口骂人,孩子马上反应过来,开始谴责对方。父母要询问清楚事情的来龙去脉以及孩子的情绪和感受。父母要告诉孩子:对方的行为是错误的、不可接受的,并且通知班主任积极处理。如果班主任认为这只是孩子间的打闹,不必小题大做,父母要向老师明确指出孩子心灵受伤这一事实,并要求欺负人的孩子亲口道歉。所谓解铃还须系铃人,只有欺负人的孩子面对面道歉后,两个孩子互相拥抱,握手言和,孩子们的心灵创伤才能抹去,才能继续友好相处。如果这个孩子不愿意道歉,需要班主任出马解释:"你的行为也许对其他小朋友构不成伤害,你可能只是想开开玩笑,娱乐一下,但是小C的心理感受不一样,他特别难过,心灵受伤了,所以你一定要郑重道歉,求得他的原谅。"切记:两个孩子之间的和解,父母不要插手,尽量让班主任来处理。要知道,就算你的孩子被欺负了,对方也是小朋友,也是需要保护的。

在帮助孩子解决被别人欺负的问题时,父母切勿着急找对方父母理论。在没有弄清楚事情来龙去脉和孩子心理感受的时候,双方父母的碰面只会让事情陷入僵持,因为双方父母都会为自己孩子说话。

有些家长容易冲动,殊不知,遇事时父母的行为表现正是孩子未来处理事情时的榜样。父母要让孩子觉得,父母是孩子坚强的后盾,这样孩子的心就会慢慢安定下来,消除恐惧感。

父母们要处理得当,以免酿成大错,对孩子身心造成长久伤害。

当孩子欺负了别人

父母接到老师电话,"你家孩子惹事了,到学校一趟吧",是不是都会心头一颤,不知如何是好?

孩子欺负了别人,老师打电话过来,父母不必惊慌,同上一个问题"当孩子被人欺负了"的处理措施一样,父母首先要淡定地询问清楚事情的起因和结果,了解孩子为什么要这么做:是内心痛恨对方,还是觉得对方好欺负,或者是把内心压抑的愤怒投射到了别人身上?

如果孩子痛恨对方,那么这里面一定有故事。父母要让自己的孩子把痛恨对方的原因讲出来,要表达对孩子的情感的接纳。比如,孩子对妈妈说:"他总是打小报告,所以老师总是批评我。"妈妈要说:"被打小报告当然会不开心。"这首先表达的是妈妈对孩子情感的接纳,然后再帮助孩子寻找解决问题的多种办法,让孩子自己感觉到,用欺负人的方法报复回去是不可取的。孩子自己可能就会知道,自己需要向对方道歉。

如果是觉得对方好欺负而去欺负他,父母要跟孩子进行角色扮演。让他知道被人欺负的感觉,这会让人讨厌,被欺负的人会产生羞辱感。当他体验到了,他自然就知道自己错了,会向对方道歉。

如果是内心压抑的愤怒向外投射,父母要反思自己的家庭教育,到底什么地方出了问题。是不是最近在孩子面前讲了太多羡慕别人家孩子的话?是否夫妻两个经常在孩子面前吵架,弄得家庭气氛紧张?是否指责孩子考试成绩不好,用暴力性的语言伤害了孩子?孩子是否有太多的学习任务,都没有时间玩耍?是否父母生了老二,对老大的关注变少了?找到原因后,父母要立刻补救,和孩子谈谈,希望他吐露心声。如果父母做错了,就要向孩子认错。

等到孩子理解了自己应该向被欺负的孩子道歉的时候,父母要去和老师商量一下,接下来由老师带领孩子去完成道歉认错的过程。

也有些孩子或许只是想开个玩笑,但被对方理解为欺负人。如果是这种情况,就要让他知道玩笑的界限在哪里,什么时候、什么样的举动会让人不愉快,应该收手。生活在社会中,每个人都需要遵守一定的人际交往法则,明白哪种举动是不受欢迎的,即使披上玩笑的外衣,也会被人视为冒犯。父母应该抓住这个机会,给孩子讲解人际交往的注意事项,让孩子学会这一课。

这一课,早上比晚上好,不上则后患无穷。

被所有小朋友排斥的孩子

被所有小朋友排斥、不被接纳的孩子在学校的日子非常难熬。他彻底成为不受欢迎的人,处处被拒绝,心灵会受到巨大的伤害。

什么样的孩子会没有朋友,遭到全体同学的冷落呢?

人际感知发展落后的孩子往往会被所有人排斥,没人愿意和他玩。原因在于这类孩子没有办法正确解读别人的情绪,常常用推人、打人的方式邀请朋友一起玩。他们总是采

用错误的应对方式,因而也会得到他人负性的反馈,进而更加的愤怒、狂躁,导致情绪失控,让他人避之不及。这种孩子很可怜,他并不知道自己错在哪里,老师和父母的说教对他来说是无用的,因为问题的根源在神经功能上。

如果自己的孩子属于这种情况,父母一定要保护好自己的孩子,回家之后要安抚孩子的情绪,不能再打骂呵斥他。他在学校已经受够了,回家再被父母责骂就太可怜了,也会出现大问题。这类孩子往往不能理解游戏规则,常做规则破坏者,导致小朋友都不愿意同他玩,所以内心很孤独。父母要经常带孩子到外面玩,在陪他玩的时候教会他如何遵守规则。

还有些孩子是因为太过于自私,或者自我中心,在任何场合都想做中心人物,引起他人的关注,得不到他人的关注就捣蛋,做一些破坏性的事,引起小朋友反感,被群体排斥。没有小朋友和他玩,他回到家就和父母闹,总是不合作。对于这样心理幼稚,尚未摆脱自我中心的孩子,父母要帮助孩子快速摆脱自我中心。可以给他分配一些家务,让他承担一些责任,例如让他为老人做些事(不能总是别人为他服务),平时父母与他说话也不要把他当成小孩来对待,试着用更平等的态度和他对话。

这类孩子发展到和同龄孩子一样的心理水平,自然就会有朋友了。

不受欢迎的孩子的交友特点

不同的孩子有不同的交友方式和特点,父母需要仔细分辨,因材施教,帮助孩子发展健康人格。

常见的不受欢迎的小朋友的交友特点如下,供父母们参考。

一是只专注于一对一交往。孩子只喜欢和一个或几个固定朋友来往,无法适应群体交往。当与一帮孩子在一起时,常会显得手足无措。这样的孩子往往缺乏社交技巧,比如不了解如何与人打招呼,同时性格内向、腼腆。父母要帮助孩子广泛交友,要让孩子多接触人。社交是一种能力,而这种能力是可以学习的。父母要把自己家的客厅打开,让孩子们来玩,让自己的孩子作为主人接待小客人。长此以往,他的社交能力就能提高。

二是表现小气,不懂分享。在小学阶段仍不懂得和其他小伙伴分享的孩子往往在幼儿园阶段遭受严格的控制,或深受父母言行影响。父母要注意自己在孩子面前的言行,少说让孩子防范他人的话,告诉孩子,好东西要与好朋友分享。大家在一起都开心,才是真正的开心。父母也不要过度关注孩子与伙伴的往来是吃亏了还是占便宜了,不要过多评判孩子们的交往。小朋友之间的事,让他们自己去处理。如果孩子告诉父母自己吃亏了,父母要纠正他的认知,告诉他人的生活有精神的和物质的两个方面,和别人分享时失去的是物

质的东西,但得到了精神上的享受。其实得到的更多,因为精神的东西与物质的东西并不对等。

家里有小气吝啬的孩子,父母也要检查自己的行为,父母接人待物的言行是被孩子看在眼里的。往往小气吝啬的孩子会有一位或几位家长也是相当小气吝啬的。孩子的行为是面镜子,照出家长的面目。家长要警觉,常常反省自己,与自己的孩子一起进步,这何乐而不为哪?

三是过于敏感,讨好别人。这类敏感型孩子在和同伴交往时总是小心谨慎,从不主动对小伙伴提出要求,而对于别人的要求总是一口答应,尽管可能违背了自己的意愿。他要讨好朋友,生怕朋友一个不高兴就不理自己了。如果孩子是敏感型孩子,父母要注意孩子可能生活在压抑的环境中,长期被忽视,提出的要求没有被满足。孩子经常被大人要求谦让其他小朋友,便形成"我要谦让别人才会获得赞赏和奖励"的思想,久而久之变得更加敏感、谨慎和压抑。父母也不要总对孩子板着脸,让孩子看到一张笑脸很容易;同时也要明白,不能过高要求孩子。要让一个年幼的孩子享受童年的快乐,不能让他迎合成人的情绪。孩子只有一个童年,不应该在无休止的谦让中度过。

四是爱控制和指挥别人。有些孩子总是喜欢指挥其他小伙伴为他卖力干活,可以灵活利用人际关系达到自己的目的,他们善于人际交往,是天生的"外交官",未来在经商、管理方面可能会有不小的成就。同时,这样的孩子创造力偏弱,因为他总是把心思花在琢磨别人上,很少思考如何创造新事物。

这样的孩子父母可能很喜欢,那就充分开发他的优势潜能,让他在人群中长袖善舞,但不要在创造性方面对他有过多要求。如果父母希望自己的孩子是有创造力的人,并不欣赏他在人际关系中如鱼得水,那父母要做的事就是,多带孩子涉足文学艺术。可以让他多看些文艺演出与文学书籍,体会人在精神上的满足和需求,接受艺术熏陶。孩子会更多地思考"实务"之外的东西,提高精神修养。

班里有个特殊孩子

因为实施融合教育,很多小学会出现有障碍的孩子。学校会将他们与正常孩子安排在一个班级,共同学习和生活。对于正常孩子,学会与特殊孩子相处成为一个新挑战。

班里有个特殊的孩子,首先父母的观念要转变:这个孩子并不是个麻烦人物,他可以让自己的孩子学会新的一课。这对孩子来说是个好机会,因为特殊孩子其实是个弱者,孩子有机会接触弱者,他就有机会去照顾和帮助弱者。

特殊孩子可能心智成熟度比较低,与人交往时往往不理解别人的情绪和行为,所以和他玩时,要告诉他别人是什么感觉。比如,特殊孩子推你或者拉你,要告诉他你不喜欢这种感觉,你喜欢怎么样的相处;当他遇到困难时,例如数学题

做不出来,要告诉他怎么做。

孩子要上的重要一课是,学会帮助和原谅。这个被帮助的特殊孩子会感谢真心对待他的人,与善待他的孩子在一起的时候,他会有快乐的感觉。父母可以告诉自己的孩子:别人跟你在一起时内心感到快乐,这就是你对别人最大的帮助。

父母要经常问问自己的孩子,那个特殊孩子需要什么样的帮助,你给他提供了什么帮助。可能孩子回到家会告诉你很多特殊孩子的不好表现,比如不遵守课堂纪律,做了什么傻事,等等。父母要告诉孩子,特殊孩子并不是有意如此的,他的心智发育比同龄人差,我们要做的是帮助和原谅他。每个孩子的发展都不是同步的。如果有可能,可以邀请特殊孩子来家里做客,这类孩子做客的机会少,如果你的孩子邀请他来玩,大家会知道你的孩子内心非常强大和善良,会对你的孩子刮目相看,也会赞赏你的孩子,这些都会给他带来正能量。

假如特殊孩子在班级里表现不佳,遭到部分父母的反对,有可能的话,应该尽量说服这些人,告诉他们,在班级中有个特殊孩子反而是给了自己孩子锻炼的机会。教会孩子帮助弱者,才能够让自己更强大,将来才是可以抗挫折的孩子。特殊孩子得到全班同学的照顾,在学校里的表现会越来越好,这个班级实现了共同进步,孩子会明白这就是集体的力量。以后孩子长大后,都会学会,当群体中有比较弱的人存在时,我们要做的是集体帮助他进步。集体是温暖的,孩子对集体的理解是正面的,他就会更愿意待在集体中,未来更善于与人相处和协作。这些都是与特殊孩子相处能给其他孩子带来的力量。

孩子不爱出门

现在很多孩子不喜欢出门,天天宅在家里,看电视、打游戏或者独自一个人玩,缺乏与自然的接触以及和同伴玩耍的机会。

首先,孩子不愿意出门可能受孩子先天气质的影响。比如黏液质的孩子,天生不爱动,坐在沙发上好长时间也不愿意站起来。其次,有一些孩子在婴儿阶段户外活动很少,没有养成出门玩耍的习惯,长大后也习惯于宅在家中。

父母发现自己孩子不爱出门,希望改变孩子,可以这样做:首先告诉他,我们的生活中一定要有一定比例的户外活动,所以今天我们一起出门;把他带到户外后,给他一个任务,请他找到10种常见野花;父母提前准备一些常见的花草的图片,让他找出其中的10种。要设计类似这样的户外活动,让孩子带着任务到处去看,去寻找,千方百计达到目标。在这样的过程中,孩子不知不觉就与大自然有了亲密接触,会慢慢发现很多有趣事物。这样就形成了孩子与自然的合作,使他发现了与大自然相处的乐趣。之前他或许很少有这

样的体验,并不知道大自然可以给他带来什么,有了愉悦体验之后,他会更愿意参加这样的活动。

下次父母可以将他带到动物园,去找到其中几种动物,了解动物的习性。孩子到了动物园,就会去看动物分布图,找动物园里有哪些动物,在哪些馆。父母可以与孩子讨论,这些动物有什么特征,在自然中如何生存,有哪些特点,等等。孩子在寻找和探索中学到知识,从而进一步亲近大自然和动物。这样的孩子会感觉到,大自然是多么的有趣,愿意多待在自然环境中,享受大自然带来的快乐。父母也可以和孩子躺在草地上,看着蝴蝶和小鸟飞来飞去,这种享受会让孩子更深入地体会到,人需要在自然环境中生存,需要户外活动。

父母要告诉孩子,室内活动和室外活动我们都需要,这才构成丰满的生活,才是精彩丰富的人生。

面对宅在家里的孩子,我们要诱导他一步步走向户外,走向大自然。孩子宅在家里,缺少运动就容易发胖,会更懒于参加户外活动。小学生的身体还在发育,有大量户外活动才能健康成长。

第六章

塑造有良好品质的孩子

品质教育是家庭教育里体现家庭成员人生价值取向的方向性及观念性的教育。它非同小可,足以决定家庭教育的成效。

品质教育渗透在家庭教育之中,是父母价值观的不自觉地流露,从而影响对孩子的教育。好的品质绝非一朝一夕形成的,我们从孩子身上看到的恰恰是父母的影子。孩子的道德品质受家庭教育影响最深,如同弗洛伊德所说:超我的形成来自家庭。

毋庸讳言,当下的家庭教育研究领域几乎没有品格教育的空间,它很少被讨论,不被重视。大多数人恐怕认为,自己的孩子只要赢在起跑线上,拥有过硬的大学文凭,将来就有好日子过了。殊不知,有太多的家庭连什么样的日子叫好日子也没弄清楚,总不见得比邻居好的日子就叫好日子吧;自然,很多父母也没有具备哪些元素才能算日子过得好的认知。

没有方向或失去方向的教育就是稀里糊涂的教育。有些父母跟风,人家怎么教育孩子我就怎么教育孩子;有些父母催逼孩子,把孩子置于火上,让孩子煎熬不堪。

有良好品质的孩子是由拥有良好品质的父母教育出来

的,是潜移默化养成的。一个人有着很高的社会头衔、闪亮的社会角色,却在别人面前暴露出低下的品格时,往往被人侧目,甚至被人唾弃。人类对于是非善恶从来都有既定的标准,这些标准有的已形成上千年,很少修改,外面世界再怎样变化它也岿然不动。比如老大娘摔倒了没有人扶,即便它成为一种社会的普遍现状,也不会被人认定这是善的、美的。人们只会痛心疾首,强烈希望改变这种现状。

小学阶段是一个人打下人生基础的阶段,品格形成正处于关键期,所谓种什么样的树,就会结什么样的果实。

人之初,性本善。孩子是善的、美的、真的,如同一块无瑕的白璧。父母作为雕琢玉器的人,为了雕琢出美玉必须先"利其器",从自身的修炼做起。

好的品质就像慢火炖鸡汤,是慢慢熬炖出来的,绝不是一番道理讲完就可以让孩子立刻变好。同时,所有功利性的教育都与好品质无关。

在小学阶段父母们就要有意识地去教导自己的孩子,总会看到开花结果的那一天。

让孩子成为有礼貌的人

看到别人家的孩子面对长者彬彬有礼、端正大方的样子,父母内心往往好生羡慕,也希望自己的孩子成为有礼貌的人。

一个在家庭以外的人群中能表现得体的孩子是受人欢迎的,且无疑是知礼、明理的。有意思的是,再去看看这个孩子的父母,尤其是孩子的母亲,往往也是懂礼貌的人。也就是说,父母对孩子的礼貌培养是潜移默化、润物细无声的,是可以习得的。一个在人群中讲话旁若无人、高声大喊的母亲,她的孩子通常会在人群中上蹿下跳,难以安静下来。

那么,一个有礼貌的母亲是怎么养成的呢?一个人只有在被别人尊重的环境里长大,他才会尊重别人。一个尊重别人的人,才会显得气质高贵,而尊重别人的外在表现就是礼貌待人。

既然孩子有礼貌的品质是从父母那里学来的,尤其是从母亲那里学来的,那么一个不太有礼貌的母亲想要培养出一个有礼貌的孩子,她就得先把自己培养好。这样的妈妈可以去找专业的心理老师讨论一下,了解清楚自己从小的成长环境怎样不利于形成礼貌待人的品质。然后可以以一个成年人的理性来要求和控制自己,让自己行为合礼。当妈妈可以给孩子起示范作用后,就可以先教孩子一些简单的礼貌用语和表达形式,如看见老人要笑脸相迎地说"爷爷奶奶好",见到老

师要问好,和小朋友分别时要挥手说"再见",等等。待孩子这些简单的礼节都能做到后,可以进一步教给孩子待客之道。妈妈可以带着孩子接待客人,让孩子直接体验待客的礼貌。

小学生在陌生人群中的表现也能体现一个孩子是否懂礼貌。妈妈可以带孩子外出参加一些成人和孩子共同参与的聚会,教会孩子在人群中如何得体地展现自己:安静倾听别人说话,要不打断、不插嘴,目视对方;向别人表达自己的感受时,要考虑对象的情绪状态和感受;不做出有碍观瞻的不适宜的动作,如当众挖鼻孔、掏耳朵、脱鞋子、摆弄头发等;以及身处人群中时,什么时候不适宜走动,什么时候不适宜躺下。

一个有礼貌的孩子,他的好品质会受到大人的赞赏,这种正强化会促使孩子更加注意自己在众人面前的礼貌形象。久而久之,礼貌待人的好品质就慢慢形成了,这会使孩子终身受益。

怎样让孩子不说谎

孩子说谎往往从小学阶段开始出现。大多数父母十分讨厌孩子说谎,他们会把孩子的说谎问题看得很严重。

长期说谎的孩子确实会养成说谎习惯,一旦习惯养成了,没有必要说谎的事也会谎话连篇,这样的孩子让人避之不及。

一个孩子习惯于说谎往往有两个原因:一是他的父母

并未意识到他们自己经常当着孩子的面说谎;二是孩子把事情告诉了父母,接下来孩子就会受到父母的训斥、打骂。

我们先来分析和解决第一个问题:有些父母为了自己的利益,在与别人打交道时频频说谎,有时孩子就在一旁。父母或许会因为孩子年龄小而无所顾忌,其实孩子什么都懂。这些父母对外人说话是一套说辞,对孩子说话又是另外一套说辞。这就造成了孩子的错误认知,认为说话不应该是真实的,说谎话是很自然的事情,还会误以为别人都是这样的。这种孩子经常看到他们的父母用谎言骗了别人以后的得意神态以及占到的小便宜,于是学会了在老师、同学面前说谎。等父母意识到自己的孩子老在撒谎,他们就急了,但他们当然不会知道,问题出在自己身上。

我曾见到一个抑郁症患者,他是一个在国外工作的年轻人,公司里只有他一个华人。这个年轻人习惯说谎,经常在这个同事面前说了谎话,又到那个同事面前说谎,自己也不自知。有一天,办公室里所有的同事一起围上来,共同指责他,齐声骂他是"说谎的魔鬼"。他被吓着了,非常沮丧,后来得了抑郁症,回国来治疗。

在这个年轻人的父母递上来的咨询表格中,所有栏目填的内容一看就知道是假的,让人认为这个家庭是很习惯于说假话的。只有父母经常说谎,孩子才会将说谎视为家常便饭。

因此,若孩子是受家庭影响而说谎,父母就需要深刻反省自己的品格问题。为什么父母那么习惯于说谎?父母究竟在谎言中获益了什么?父母是否认为谎言只要说得巧妙

就不会被戳穿？一旦父母意识到，谎言永远无法对抗真相，父母就会改变。改变了的父母应该找孩子谈谈，检讨自己曾经说过的谎言，告诉孩子，说假话并不比说真话有益处，可能造成很糟的后果，要求全家一起形成家内家外不说谎言的好风气。

至于第二种原因，孩子因为讲了真话挨打受骂，父母就要意识到：人都会趋利避害，孩子犯了错误，父母开始审问，真话一出口他就受到了指责，让孩子误以为不能在父母面前讲真话，他们是不乐意听的。

但凡孩子能说真话，父母一定要理解孩子，尤其要理解孩子的情绪。比如孩子说是他先动手打了同学的，父母不要急着去批评孩子打人不对，而是要了解孩子为什么要打人，弄明白打人时主宰他的情绪是什么，表达对其情绪的理解。比如孩子说："我讨厌死他了，他总是推我！"说明孩子的情绪是愤怒，在愤怒的控制下才会出手打人。妈妈可以告诉孩子："妈妈知道你是很愤怒了才会去打同学的。"这样说话就是理解了孩子的情绪。孩子只要情绪被理解了，接下来就会和你合作。妈妈可以跟孩子讨论怎样控制愤怒的情绪，让孩子说说看，当他陷入愤怒时有哪些方法可以转移愤怒，进一步探讨解决同学推人的问题还可以有哪些办法。

当孩子可以在生活中学到很多有用的东西，并且无需在父母面前说谎，他就会生活得轻松、坦荡，自然也就会感到幸福。

能为别人考虑的孩子更受欢迎

如果你见到一个孩子在做事时常常能考虑别人的感受,你一定会非常喜欢他。有这样品格的孩子并不多见,这类孩子往往在班里选票最多、人缘最好。

一个在家里像皇帝一样的孩子,是不会为别人考虑的。皇帝就是别人都要看他脸色行事,而他从来不会顾及别人感受的人。这种孩子的家里但凡有宴请,都要先把他摆平了,让他早早地上座,好吃好喝端在面前。他们从来不需要察言观色,换位思考,因而始终摆脱不了自我中心的思维模式。

能为别人考虑的孩子是怎样培养出来的?父母经常问的是:孩子在学校里为别人做了些什么。比如,如果孩子语文成绩好,那么他有没有帮助语文成绩差的同桌?或当孩子告诉父母班里的同学出现了什么状况,父母会问孩子:"你有没有想过,你可以给他什么样的帮助,让他尽快走出困境?"

父母常跟孩子讲述家族里某个人目前遇到了什么困难(比如生病),他现在需要什么样的帮助,我们可以提供什么样的帮助。孩子如果说出很幼稚可笑的方案,父母可以进一步和他探讨,对受助者来说,这个帮助人的方案有哪些不合理的或者做不到的地方,使得孩子学会站在别人的角度思考问题,把别人的需要考虑进去。这样,孩子就会慢慢发展成能处处为别人考虑的孩子。

有个年三十的晚上,在一个家庭聚会上,所有人都问候家里最年长的老太太时,老太太的小重孙悄悄地抱来了一个棉坐垫,放在老太太的椅子上,在场所有成年人都向他投去了赞赏的目光。只有这个孩子替老太太想得周到,给人留下深刻的印象。

做不怕事、不惹事的孩子

学校里哪些孩子最惹人烦?一定是有事怕事,逃避困难,没事又惹是生非的孩子。哪些孩子最有威信?是那些不怕事、不惹事的孩子。

不怕事、不惹事的孩子往往能成为学生领袖、同学的主心骨。这类孩子有个特点:面对冲击性的或者突如其来的事件,他们往往不慌张、不恐惧,能够静下心来把事情的来龙去脉讲清楚,能够据理力争,敢于为自己的利益战斗。但是和小朋友在一起时,他们不会没事招惹别人,手脚不停乱动或乱说话,惹人讨厌。

有个上小学三年级的男孩,在班里学习成绩名列前茅,上课总是能安静听讲,遵守课堂秩序,老师常在课堂上表扬他学习态度好。下课的时候其他小朋友发生了矛盾,起了冲突,会很自然地去找他评理。有一次班里的一个女同学因为雨天路滑在学校楼梯的拐角处摔了一跤,掉了颗门牙。就是这个安静、守秩序的孩子直接到校长室,当面跟校长沟通,要求雨天学校在楼梯上铺上防滑垫,不让同学滑倒,学校要保障学生的安全。他因此受到了校长的赏识,全校师生都对他刮目相看。很多老师私下议论,认为这个孩子就有不怕事、不惹事的好品格。

什么样的父母能培养出这样的孩子呢?这种孩子的父母一定是以理服人、以情动人的父母。他们不会有"我是你爸爸,你就得听我的"的观念。他们和孩子的关系通常比较平等,孩子在家庭里是受尊重的,所以孩子就有自觉性,能积极主动地处理事情。孩子在家庭里有发言权,就会习惯于表达自己的需要和诉求,不会压抑自己。

这种孩子的父母往往不会严格控制孩子,他们的孩子有自己的时间和空间。要知道,一个老被他人控制的人是无法自控的。没事不惹事的孩子就是自控力比较强的孩子。

父母请记住两点:尊重孩子,平等对待孩子;不要操控孩子。

尊重公共秩序,培养合格公民

公共场合常见到这样的孩子:大声喧哗;不肯排队,抢占座位;乱扔垃圾,甚至随地大小便……这种孩子长大以后,在图书馆里撕书、在地铁站逃票、在飞机上乱开门都可能做得出来。

一个孩子在公共场合里是否守秩序,与其家庭教养密切相关。

在公共场合里遵守秩序的孩子是有良好家庭教养的孩子。他们的父母在教养过程中让他们形成了"规则是用来遵守的"这样的认知。认识到某一场合里特定的规则是怎样的,就会严格去遵守,这种认知一旦形成,是比较牢固的。

有些父母培养孩子遵守公共秩序的意识很浅薄,有的甚至没有这样的意识。他们通常会替孩子做出坏的示范,有些人甚至和工作人员大吵大闹,让一旁的孩子形成了"规则是用来打破的"的认识,这种认知一旦建立,也同样是牢固的。

殊不知守序是高级生命生存的合理状态。人类的发展是一步一步越来越走向有序。无序是低级的,有序是高级的。人类的公共生活越有序,人就越清楚自己行动的意义,人就越远离动物性特征。一个有序的世界让人们生活得心安,让人们不担惊受怕。所有人都会遵守公共秩序,这样的社会就更适合人们生活。

学会遵守公共秩序是从小受家庭影响潜移默化形成的。首先,父母要把培养合格公民当作自己的责任,意识到守序是优良品质,孩子有这样的品质才会受到别人的尊重,才会自重。在公共场合守序的孩子,他的这种认知还会迁移到其他方面。比如,他会遵守学校的规章制度,会按照老师的要求去完成他的作业,他会对自己负责。其次,父母平时带孩子去公共场合,一旦发现有人不守秩序就要告诉孩子这样的行为是不可取的,是违规的。如果自己的孩子不守秩序,父母应该及时制止。假如影响了别人,如大声喧哗,就要让孩子跟人道歉。最后,从公共场合返回后,在家中父母要表扬孩子今天在公共场合中的守序行为,让孩子明确必须遵守公共秩序,这将让他终身获益。

会谦让的孩子有福

你的孩子会谦让别人吗?比如只有一把椅子的时候,他会不会让小伙伴坐?两个小朋友在一起玩,父母给了两种颜色的气球,他会不会对同伴说:"你先选吧!"

懂得谦让的孩子,他将来一定会走得又高又远,一定会在某个领域获得成就甚至成为领袖。

一个会谦让的孩子已经懂得送人玫瑰,手有余香。因为给别人带来愉快是正面的举动,孩子可以体会人与人之间的互惠互利。如果别人的孩子还在争抢玩具的时候,你的孩子已经会谦让了,父母应该感到高兴,这个孩子是有大福的。

一个会谦让的孩子,会让同伴心生好感。一个会谦让的孩子也能养成谦让的习惯,他的谦让总是在不经意间展现,在某个关键时刻,同伴也会回馈给他"谦让"。孩子用仁善的行为与别人互动,就会形成仁善的循环。这样的孩子内心晴朗,情绪稳定。

会谦让的孩子的父母一定有正确的教育观念。如果父

母认定这个世界是靠抢资源来生存的话,他的孩子是不会学会谦让的。

培养会谦让的孩子和父母的身体力行有关。孩子常常看到父母主动把利益让给别人,父母在帮助别人,邻里之间从不斤斤计较,孩子就会形成谦让的习惯。孩子看到父母谦让时他人尊重的目光,就会自然形成谦让他人的品质。

有个小学老师曾经告诉我,她教了一辈子书,只见过一个男孩会在开门出去的时候手撑着门等后面的同学走完,以免门弹回去撞到后面的同学。同样是这个孩子,当班里有个个子很高的女生座位被安排在最后面,她不愿接受而号啕大哭的时候,他提出愿意坐到最后一排去。这个孩子在班里选票总是得全票,现在已经成为一家上市公司的老总,非常知名。

这位小学老师很感慨:这样会谦让的孩子很难得,做老师的心里都有数,有这样品质的孩子将来必成大器。

培养守诺言、讲信用的孩子

孩子是从野蛮人被培养成文明人的,如果一个人一生也没有培养出来契约精神,那么这个人一生也是个野蛮人。

有句话说得很有道理:文明和野蛮的区分就在于有无契约精神。孩子小的时候是野蛮人,他不懂什么是契约。孩子总是想要就要,想要赖就要赖。守诺言是契约精神的表现。有的小孩从来不会遵守自己的诺言,讲什么都不会负责任。比如他答应妈妈回家后先做作业,但并不真的准备实现诺言。要想培养一个守诺言的孩子,父母就得做守诺言的人,答应孩子的事情一定要做到。有的父母随便答应孩子的要求,等到要兑现的时候又发现自己是不该承诺的,于是就爽约,这是最差的榜样,只要有一次就教会了孩子,诺言是不必遵守的。父母对孩子遵守诺言,是培养守诺言的孩子的基本方法。

父母也要留意,孩子在父母面前许下的诺言是否出于孩子真实的意愿。有些孩子的承诺是在父母诱导下做出的,或者孩子根本没有兑现诺言的能力,是父母想当然地替孩子说出的承诺。比如,妈妈对奶奶说:"小宝明天上午做完作业,下午我会带他去儿童乐园。"这让奶奶误认为小宝已承诺明天上午会做完作业。假如孩子明天上午没有做作业,妈妈和奶奶就会责怪孩子不守诺言,于是妈妈也就推翻了下午去儿童乐园的承诺。这样一来,妈妈会认为孩子不守诺言,孩子也认为妈妈是不守诺言的人,母子彼此不信任,说话不算数也就成了家常便饭。

如果妈妈要对孩子的作息做出安排,希望孩子接受并能承诺按计划做,就应该先把孩子明天的生活内容呈现给孩子,告诉他明天需要完成作业,也可以去游乐园玩,这个安排一定要询问孩子是否同意,也希望他自己做个安排。孩子赞同后就要问他,是否可以承诺完成计划。孩子同意,那才算

作出了承诺。

还有的父母在考试前要求孩子：这次考试一定要进步，进入全班前三名！孩子点头了，他就视作孩子已经做出了承诺。其实这样的要求是荒唐的。考试是具有机遇性的事，谁能保证自己考试的成绩？等到孩子没考到要求的名次，父母就指责孩子不守诺言，让孩子觉得自己是个言而无信的人。这是不可取的，不利于孩子守信品质的培养。

一旦经过商量，得到孩子理解、确认，并明确会去做的事，就一定要坚持让孩子完成，绝不妥协，养成习惯后孩子就形成了守信的好品质。

感恩教育怎么做

现在的家长觉得孩子成了家庭的中心，他们心中往往只有自己，所以希望通过感恩教育，让孩子学会感谢父母的养育，感谢他人的善行。感恩教育做法不同，效果也大不相同。

小学阶段孩子还与父母关系紧密，需要父母的帮助与照顾。在这样的阶段对孩子进行感恩教育，怎么进行才是切实有效的？

父母首先要有这样的意识：自己把孩子带到了世界上，实际上是没有通知孩子的，是一种单向的选择。父母给了孩子生命，也给了孩子快乐，这是最重要的。也就是说，儿童的感恩是在这个层次上进行的:"我被父母带到世界上,有了生命,这是一件多么美妙的事,是多么值得感谢。"

父母不适合在孩子面前讲,我为你做了多少事,花了多少钱,诸如此类的话。有些父母会给孩子算账:给你买衣服花了多少钱,上辅导班花了多少钱,等等。父母这样做的目的是,让孩子感觉到父母为他付出了很多。但是,对孩子来说,他的认知发展水平低,他会认为父母给我做的这些是需要我交换的。假如孩子背上了交换的负担,他就会产生心理压力——"父母需要我用什么交换?"孩子知道,他可能需要考试考得好。如果考不好,就不是对等的交换,那么就还不了这份债。欠债还不了会有什么样的反应?欠债人会变成老赖。老赖在孩子身上如何体现?孩子会失去对学习的兴趣,不盯着他就不学习。所以,对小学生进行感恩教育,父母只需要让孩子知道,作为一个生命来到这个世界上,是多么幸运和开心。在茫茫宇宙中,这件事发生是具有偶然性的。这样的事情发生了就应该感恩。

父母可能担心,如果不对孩子进行感恩教育,会不会长大之后孩子成为一个没有感恩之心的人?这里面有个误区:一个孩子长大后成为感恩的人,一定是在成长的过程中得到了父母的尊重,一定是小时候被父母保护和照顾,一定是小时候体会到了深深的爱,这样的人长大之后会自然生出感恩之心。这是成长过程中所得到的感受的反馈,而不是父母和老师用语言教育出来的。如果一个孩子从小不被尊重,从小被指责、打骂、虐待,父母说再多的感恩的意义,将来孩子也

不会如此做。所以这是个误区,感恩绝不会被教育出来。人被哺育长大,之后自然会反哺。了解这一点,父母才知道怎么样可以得到一个有感恩之心的孩子。

如果在孩子成长过程中,父母给了孩子虚假的信息,比如父母总是说一套做一套,孩子旁观了父母的虚假行为后,往往会从心里看不起他的家人,或者将来也这样对待父母。不要以为小学生就不能辨别父母的虚假,孩子的心能分辨出这一切。

想培养一个有感恩之心的孩子,就不要做虚假的父母,不要给孩子相互冲突的信息。如果孩子不能真正尊重自己的父母,哪里能有感恩之心?

"比惨"教育培养了什么

有一些父母喜欢把孩子带到贫穷落后的地方,让孩子看看那里人生活的情形;或者告诉孩子什么地方发生了什么惨事,试图让孩子对比彼此的生活状态,产生幸福感,珍惜自己的生活。

这是一种"比惨"教育——看看世界上某些人有多惨,而自己很幸运。父母要想一想,"比惨"会给孩子带来什么。如果是为了让孩子找到幸福感,这样做可能没用。幸福虽然是对比出来的,但是这种对比很虚假,因为它并不是孩子真实生活的环境。孩子有其生存环境,这种对比是与生存环境完全不同的人对比。对比过后,他还是回到原来的环境中,幸福感就消失了。真正的对比是与自己相同环境中的人对比。

那么,父母是否能将孩子带出去,到落后贫穷的地方看一看?这样做是完全可以的,但目的是告诉孩子,人类的发展总是从蒙昧到文明,需要一代代人的努力,需要不断奋斗。比如,到非洲国家看看,让他知道文明是需要人类努力才能实现的。要让孩子理解,我们来到世界上的意义,就是为了推动文明的进程,是为了帮助我们的同类,加速他们的发展。我们的使命之一就是帮助落后的地方,让大家共同走向文明。如果孩子激发了要为人类共同幸福而努力奋斗的愿望,这个旅途就很有价值。

有些孩子在看了很落后的地方之后,确实产生了这样的想法,立志要帮助他人,为他人创造更好的生活,这会让这些孩子内心保持向上的力量。看到贫穷,也可以让孩子减少抱怨。要让孩子知道,我们的能量不要耗费在抱怨上,要用在达到更高的目标上,这是我们之所以成为人的使命。孩子在自己的生活环境中可能会有很多抱怨,当他看到了更穷的地方,要让他们明白抱怨是没有用的,要追求更高的目标,走向共同的富裕,这样才可以给孩子带来正面的力量。

如果父母仅仅要让孩子知道,别人过得苦,你的生活已经很幸福。这对于孩子是很难理解的,也很虚假,达不到父母的目的。

第七章

处理孩子的异常情况

小学生的病理性问题近年来在递增。由于一些心理疾病人类尚无客观的诊断手段,比如验血、磁共振,再加上父母往往像鸵鸟一样将头埋到沙子里,想回避问题,因而导致小学生的心理疾病得不到系统、有效的矫治。有些孩子被耽误,形成病理人格,影响终身发展。

面对小学生的心理疾病,必须注重三个方面的落实:一是评估诊断;二是科学干预与矫治;三是父母及学校的合作。这三个方面缺一不可,因为虽然孩子的心理疾病的核心问题往往来源于神经功能,但环境的影响也很大。

首先是评估诊断。一个孩子表现得异常,尤其是学校向家长反映他常有异常行为后,父母就应高度重视,带孩子去专业的机构做评估,目前国内比较权威的机构都在一线城市。

一个孩子去了两家医院可能得到不同的诊断,比如A医院认为孩子患了多动症,B医院认为孩子未患多动症,那就还要去更权威的医院确诊。

心理疾病的诊断和医生的个人经验有很大关系。当孩子做完客观检查后,父母还要听听医生询问些什么,比如多动症评估,医生应该会问孩子在婴儿期的睡眠情况、发育状

况等。

父母看到诊断结论后有所怀疑的话,就该再找一家医院。总之,心理疾病的诊断评估不会像检查孩子是否患了肺炎那样准确无误。

诊断是第一步,也是重要的一步。父母和老师不能想当然地给孩子扣上一顶心理疾病的帽子,然后采用道听途说的干预办法,这样会害了孩子。比如有位父亲听老师反映自己孩子特别好动,认为孩子患了多动症,又听说让孩子练习静坐可以治疗多动症,于是他每天把上小学二年级的儿子绑在椅子上一小时,练习静坐,每次孩子都号啕大哭,恐惧不堪。殊不知,这种练习只会让孩子增加恐惧感,之后变得更加多动。

越有经验的医生,越有把握做出明确的诊断。当然有些心理疾病的诊断可能不是见一次医生就能做出的,也许需要两到三次的面谈及评估。

其次是科学干预与矫治。诊断不是目的,矫治才是目的。有些父母知道孩子的诊断后并没有寻求科学干预与矫治,他们只是搞清楚了孩子有什么问题而已。

干预与矫治是个长期的过程,它不可能立竿见影地见到效果,父母要有打持久战的心理准备。比如,感觉统合失调训练可能需要很长时间,需要持续训练,父母往往难以坚持,常常半途而废。

心理疾病的干预与矫治是项复杂的工作,它往往涉及医学、营养、行为、学习、情绪等多个方面,父母需要在有经验的心理治疗师的指导下,深入了解每个领域的治疗目标以及具体操作,落实在生活中,从点点滴滴做起,持之以恒地执行。

最后是父母及学校的合作。小学生的心理疾患之所以被发现,通常是因为孩子在学校有异常表现,被老师发现而告知父母的。学校只能评估学生外在的行为表现,并不了解内在的发病机制。通常学校只能从行为矫治这一个方面对学生进行奖惩,往往难以收到好的效果,甚至会使问题愈发严重。弄不好会引发家校对立,老师和家长互相指责对方没有尽到责任。

小学生的大部分活动是在学校里进行的。如果孩子在家里吃了药,父母以为已尽到了治疗的责任,而孩子去了学校依然问题不断,就会让父母非常绝望,觉得孩子没救了。

其实,对于有心理疾病的孩子,有经验的心理治疗师会提供并指导学校应对的方法。对于这类孩子的学业管理、行为管理,都应有个性化的、针对性的措施。只有家庭与学校共同掌握应对方法,对疾病的性质认识一致,对矫治方法认识一致,对矫治目标认识一致,患儿才能获得有效的、科学的干预。

所以,凡遇到有心理疾病的孩子,父母与老师应坐下来商讨,共同接受心理治疗师的指导,弄清楚父母和老师肩负的职责,在不同领域应如何应对,一定要了解具体的操作方法,这样才能够在生活和学习中落实治疗措施。

孩子患了多动症

"学校老师把我叫去,告诉我,我的儿子没有一节课是安静听课的,总是动来动去,要求我带他去医院检查,看他是否患了多动症。"

这是一位妈妈打来的电话,打电话来讲述这类问题的妈妈还挺多的,也就是说,被视作多动症的孩子挺多的。其实,孩子都是好动的,不能把好动都说成患了多动症。

多动症是儿童期常见的一类心理障碍,表现为与年龄和发育水平不相称的注意力不集中和注意时间短暂、活动过度和冲动,常伴有学习困难、品行障碍和适应不良。国内外调查发现多动症的发病率约为 $3\%—7\%$,男性更常见一些。部分患儿成年后仍有症状,明显影响学业、身心健康以及成年后的家庭生活和社交能力。

多动症的病因和发病机制目前还不清楚,一般认为是多种因素相互作用所致,包括遗传、神经功能缺陷、环境因素、家庭与心理社会因素。

多动症的核心问题是注意缺陷,凡多动症患儿一定有注意缺陷,但有注意缺陷者未必多动。多动症患儿还会行为冲动、活动过多。在临床上经常见到这样的多动症儿童:注意的广度和持久度都差,没有什么事情是可以让他专注一会儿的,甚至不能安静地独自玩会儿;行动常没有目的,比如在沙发上爬上爬下,一会儿摸这个一会儿摸那个;身体协调性很差,常常撞倒这个东西,碰翻那个东西。而且,这些行为表现很小的时候就会出现,一个孩子不会到了上学以后才出现多动症的。

患多动症的孩子没有耐心等待,不肯排队,不能协作玩游戏,群体活动时总是与大家格格不入,与他人发生碰撞或冲突。这类孩子在学习上常会遇到困难,集体听课的效果很差,所以几乎没有多动症儿童能取得好的学习成绩,这也是诊断多动症儿童很重要的一个维度。如果孩子学习成绩中等以上,通常就不用去怀疑他是否患了多动症了。

患多动症的孩子很少有高智商的,中等智商、中下智商比较常见,所以如果孩子检测出来智商比较高的话,也可以一票否决了。

既然多动症儿童存在神经功能缺陷,在早年就应该有症状表现。这种孩子婴儿期睡眠质量很差,常浅睡眠,早上会很早醒来;幼儿期走路经常摔跤;想要一样东西无法忍受等待,立即就要得到;心智比同龄孩子幼稚;讲话、做事冲动,毫无计划性,丢三落四(比如拉开抽屉不会关上);一刻不停地活动,而且不顾场合。到了小学阶段,你会看到这类孩子无法专注,不能安静半个小时以上地做一件事,哪怕是他有兴趣的事情(看电视除外,看电视无需集中注意力)。多动症儿童的母亲大都有流产史。

如果孩子被明确诊断为多动症,父母该怎么办?父母要从五个领域对多动症孩子进行干预。这是一个漫长的过程,需要父母有耐心,用科学的态度和方法实施干预。父母要扮

演保护者的角色。

一是医学方面,被明确诊断为多动症的孩子应该用药,药物可以帮助孩子安静下来,在学校能顺利听课,这对维持正常学校生活、提高学习成绩很重要。一个中等智商的孩子,如果家庭环境比较好,情绪较稳定,同时用药的话,学习成绩可以和同龄人一样。但是,一定要在专业医生的指导下服用药物。

二是营养方面,患多动症的孩子要增加营养。在小学阶段,父母要保证孩子的饮食中包含优质的蛋白质,多吃牛肉、杂粮。要使孩子身体强壮起来,为神经发育打好生理基础。

三是行为方面,患多动症的孩子往往感觉统合能力差,在小学低年级要给予感觉统合训练。训练最好在自己家里进行,可以由心理治疗师为孩子度身定制训练方案。父母要经常训练孩子,在生活中见缝插针地训练,这样才能获得最大训练量,达到较好效果。

患多动症的孩子常常有讨人嫌的行为,可以用行为矫治的方法对这样的行为从易到难地矫治。矫治可以采用强化、惩罚、消退、训练四种方法,父母可以在治疗师的具体指导下,选取某种方法针对一种行为进行矫正。取得效果后再训练另外的行为,这样逐一进行下去。例如,有一个多动症儿童进门总忘换拖鞋,为了能让孩子做到进门就换鞋,可以这样操作:在冰箱上贴上表格,告诉孩子做到一次就画个五角星,五个五角星可以跟父母换一样想要的东西。得到的五角星越多,孩子的行为就被矫正得越好,最后问题就消失了。这是采用强化的手段,鼓励孩子保持正确的行为。也可以采用惩罚的方法,例如发现一次没有换鞋,就罚孩子用抹布擦地。

四是学习方面,患多动症的孩子其作业量只能减少,不能增加。给这些孩子增加作业量,最后的效果总是很差。因为他们难以专注,无法承受长时间坐下来做作业。但恰恰因为多动症孩子的学习成绩差,他们常常被父母要求做更多的作业、额外的作业,很快导致孩子厌学,于是家庭里整天因为孩子作业的事争吵不休。

患多动症的孩子完成的作业质量比较低,有些老师为了对学生负责,会一遍遍地让患多动症的孩子订正错误,导致这些孩子成了订正专业户,每天放学都被留在老师办公室里订正作业。结果,这些孩子索性放弃做作业,什么都不干了,而且产生了深深的自卑感。

要减少多动症儿童的作业量,适量给予一对一的教学,以提高他们对知识的理解与掌握。对于多动症儿童的学习管理,学校和老师要网开一面,减少不必要的订正,作业量大的情况下可由其选择完成一部分作业。父母和老师都要最大限度地保护多动症儿童的学习积极性,不然,他们会很快放弃学习。

五是情绪方面,要做好安抚工作。情绪的安抚是最重要的一个方面,前面四个方面即便都做到了,这一条没有做到,所有效果都毁于一旦。

患多动症的孩子在学业上有低成就感,在行为上有低控制感,在人际关系上有低能感,这样的孩子在群体生活中经常受挫,哪个方面都表现得不如别人,常受批评、讽刺、挖苦,甚至谩骂。他们内心伤痕累累,回到家后,父母要注意安抚孩子的情绪,给孩子一个拥抱,让孩子感觉到家庭的温暖。一个孩子总要有个可以疗伤的地方。

患多动症的孩子经常会被老师投诉,向父母反映其在学校的不良行为,也会遭到小朋友父母的投诉。如果孩子患了多动症,父母一定要有定力,要告诫自己:孩子需要父母的支持,这个时候父母一定要能够支持并保护孩子。在别人向自己的父母投诉的时候,孩子的内心往往是恐慌不安的,妈妈要让孩子安心,可以用柔和的目光看着他,告诉他:"不要怕,妈妈在!"妈妈要做的是:耐心听完别人的投诉,向对方道歉;然后表示自己已经听明白了,会进一步向孩子了解情况,会帮助孩子发现自己的问题,也会耐心地等待孩子的改变和进步。决不能把别人投诉的话直接告诉孩子或者审问孩子,把自己的愤怒或失望发泄到孩子身上去,让孩子更加惊恐,情绪更加混乱。这样下去,他回头会产生更多的问题行为。

多动症儿童的教育问题是世界性的难题。如果家庭里有患多动症的孩子,难以教育,行为难以改变,这也是正常的,父母无需自责。

改变孩子对立、挑衅的行为

在小学阶段,孩子的明显不服从、违抗纪律或挑衅行为经常出现。这类孩子很难管,成年人甚至害怕管教他们。

上小学三年级的明明在学校里经常无故说谎,老师问他要作业,就说没带来,其实他根本就没做作业。老师罚他站着,他就用脚踢课桌和椅子。前排同学说了句,"你不要踢椅子",他下课就追着这个同学打,报复心很重。体育课上,只有他根本不听体育老师的指令,自己想干嘛就干嘛。体育老师批评他,他居然用拳头打老师。在学校里做广播操时,他从不按节奏来做,有两次还躺到地上,拉都拉不起来。老师对明明没办法,非常头疼,不知道该怎样处理这样处处和老师对着干,总是不配合的孩子。

对立违抗行为总是发生在生活环境非常糟糕的孩子身上,他们或是被母亲抛弃,或是被父亲抛弃,或是生活在可能被抛弃的恐惧中,也可能是在暴力环境中长大或是被虐待长大。这类孩子在生命的早期就充满了恐惧,他们只能把所有的刺都竖起来,刺向想靠近他的人。如果靠近他的人是想对他表达爱意的,他就会刺对方更深,因为把他带到世界上来的人都会嫌弃他、讨厌他,认为他是多余的,不该来到世界上。把他带到世界上来的那个人都给他这样的感受,他还会认为会有人对他真的有善意吗?如果接纳了这些人,等到他们要离开了,岂不是又要再受伤害?所以这类

孩子有很强的攻击性,即使是怀着善意的人,也会被他们拒绝。他们对世界缺乏信任感,常常为了保护自己主动攻击他人。

这类孩子内心恐惧不安,所以他不可能安静、安心地去做一件事情,也没有探索世界的欲望,经常处在防范和进攻状态中,通常学业成绩很差。

有对立、违抗行为的孩子,通常是学校或班级中的麻烦人物。班里若有这类孩子,班主任要格外用心。这类孩子的生活环境中有太多不利于他成长的因素,班主任一定要注意安抚孩子的情绪,理解他为什么处于这种状态。他的攻击和反抗都与恐惧有关,减轻他内心的恐惧是最重要的。班主任每天在他进教室前关心一下他昨晚在家的情况,及时处理他的情绪。比如,孩子说:"昨晚爸爸打我。"班主任就要抱抱孩子,理解孩子的心情,告诉孩子老师相信他,认为他是个好孩子,也能做个好孩子。当然,如果孩子的行为伤及他人,班主任要采用行为矫治的方法,对他的行为进行矫治。无论是进行惩罚还是进行行为训练,都要坚持到底。班主任也可以在学校心理老师的指导下,对这类学生进行干预。

真正治本的方法还是改善孩子糟糕的生活环境,而环境的改善有时是一个系统工程。需要整个系统里的人都改变,可能还涉及一些相关部门,比如民政局、街道办事处,也会涉及孩子的亲属以及方方面面的人员,想要获得改变确实有难度。但是,一旦这类孩子的生活环境真的改变了,他的行为会发生颠覆性的改变,这又是多么可贵!

患非典型自闭症的孩子

家里有患非典型自闭症的孩子,父母不要回避,要正视孩子的症状,在家里营造和谐的环境。

自闭症是因脑部发育障碍导致的疾病。目前自闭症谱系障碍既包括了典型的自闭症,也包括了非典型自闭症,以及阿斯伯格综合征、自闭症倾向、发育迟缓等症状。典型的自闭症有三大特征:社会交流障碍,一般表现为缺乏与他人的交流或交流技巧,与父母缺乏安全依恋关系等;语言交流障碍,即语言发育落后,或者在正常语言发育后出现语言倒退,或者语言缺乏交流性质;重复刻板行为。非典型自闭症症状比较轻微,且并非这三种特征都存在。

患自闭症的孩子无法坐在教室里学习,因为他们很少和外界世界发生联系,大多数学习能力低下。在目前的条件下,他们只能去特殊学校学习。但大多数有此类问题的孩子往往患的是非典型自闭症,有的只有很轻微的症状,就很难确诊。而这类孩子在学校、家庭中常被人误解,父母和老师应对他们的方法往往是错的,导致这类孩子的行为问题越来越严重。

患非典型自闭症的孩子有智商很高的,也有智商一般的。他们在一对一教学的情况下常常学习效果很好,有的孩子在数学学习上尤其有天赋。而在群体环境中,他们几乎不听老师讲课。在家里的时候他们可以很安静地做自己的事,

比如很长时间地看书,也不打扰父母(所以父母总觉得自己孩子聪明)。一旦到了同龄人群体中,这样的孩子就很难融入,因为但凡有三个同龄人在一起,就一定会自然形成某种规则,更不要说很多小朋友组成一个班集体了。而患非典型自闭症的孩子往往不知道规则为何物,不知道群体规则的他们又有自己的一套规则,比如他上课玩玩具,老师拿走他的玩具,他不会像其他孩子那样知道自己错了,而是大喊大叫地发脾气,因为老师拿走玩具违反了他要玩玩具的规则。

这类孩子非常执拗,固执己见,常与人争吵,情绪又很难控制,这主要源于他缺乏共情功能。患非典型自闭症的孩子的核心问题就是缺乏共情能力,导致他们无法与同龄人共处。他们只能在独处的时候保持内心安定,在人群中就会行为混乱。

家里有患非典型自闭症的孩子,父母要以柔克刚,避免给孩子说理,因为道理说得越多,孩子越容易情绪失控。这种孩子内心里多的是"理",但缺少"情"。当他在学校里发生了什么不愉快的事,父母最好用角色扮演的方法,让他去感受,他当时的做法对别人产生的影响;父母还要经常让他接触富有情感的文艺作品,慢慢渗透,以情动人。

在学校里,父母可以要求老师让他坐在最后一排,周围最好是比较文静的女孩。上课时老师不要去叫他的名字,如果他沉浸在自己的世界里,老师不要去打扰他,由他去。至于他的学业,父母要在家里给他开小灶。

如果这类孩子情绪失控,老师可以抱紧他,拍他的背,直至他安定下来。

总之,患非典型自闭症的孩子应对不好会非常麻烦,善于应对有时可以相安无事。

当心儿童癔症的发生

近年来儿童癔症很常见。这些孩子一开始是去医院治疗生理疾病,如昏倒、头痛、抽搐等。但全面检查后,没发现任何器质性病变,父母就应该想到孩子是否有心理疾病。

患有癔症的孩子,其性格特点是情感丰富、不稳定、富有表演色彩,且易受暗示、易幻想。癔症发作常与激烈的情绪有关,如委屈、气愤、紧张、恐惧、突发生活事件等,均可导致发作,父母教养方式不当、有躯体疾病、疲劳、体弱、睡眠不足等情况也容易促使癔症发作。发作时,幼儿期孩子会大哭大闹、四肢乱动、憋气、面色苍白或青紫、大小便失控等;较大儿童会感到烦躁、哭闹、冲动、砸东西、揪头发、撕衣服或在地上打滚、抽搐,或者会痉挛发作、瘫痪、失明、失聪、失音等。发作时间长短不一。这些症状往往可由暗示诱发,也可因暗示而消失。

为什么孩子会患上癔症?因为孩子心理脆弱,如果他深感委屈、气愤、羞愧、悲伤、恐惧,在强烈的情感刺激下孩子会产生深刻的伤害性体验,以后就容易触景生情,因联想或自

我暗示而发病。

如果孩子患了癔症,医院明确诊断后治疗需以心理治疗为主。父母首先要对这一病症有一定的认识,不要认为孩子得了精神病,紧张万分,过度的焦虑反而不利于孩子恢复。

这类孩子特别容易接受暗示,父母要对孩子说积极的话。比如孩子说:"我眼睛看不清对面的东西了!"父母就跟他说:"人们常常会出现视野模糊,短暂看不清的现象,一会儿就会好起来的。"当然,更重要的是,父母要了解孩子第一次发病前有哪些压力性事件,使得他有深刻的负性情绪体验。这种压力源不消除的话,孩子的病根难除。

我曾见过一个上小学一年级的女孩,她的妈妈生了小弟弟后,亲朋好友都来祝贺,爷爷奶奶脸上笑开了花。女孩在一群人围看小弟弟的时候昏倒了,以后她又昏倒过几次。父母以为女孩脑子出了问题,到处求医,后来医生意识到这是心理疾病,父母才来寻求心理治疗。心理治疗师指导父母如何教育孩子,又给孩子做了催眠治疗,女孩再也没有昏倒了。如果仅仅只有女孩接受治疗,而女孩的家庭环境不改善的话,恐怕治疗效果就不会太好。

孩子患了癔症,父母也要寻求老师的配合。特别是班主任,往往对孩子影响力巨大,他与孩子的谈话非常重要,极具暗示作用。父母可以跟老师商量好向孩子说哪些暗示的话,帮助孩子恢复。

人的身体是会说话的,当人无法表达自己时,身体就会代替心灵说话。尤其是孩子,年龄小,没办法用语言表达自己的感受,他们的身体尤其会代替他们说话。做父母的每当看到孩子生病,就要联想一下孩子最近有无沉重的心理压力。有时改善孩子的情绪后,一些小病症就自愈了,这也是小学生的父母要学习和了解的。

孩子患了学校恐惧症

患了学校恐惧症的孩子逐年递增。一个家庭如果有一个不肯去上学的孩子,这个家庭可能就面临一场灾难。

我曾见到一个孩子,周日晚上把书包理得好好的,周一早上死活不肯起床上学。父母无计可施,只好为他请了一天假。可是第二天他还是不愿意去上学,只要提上学这件事,他就会头痛、肚子痛,表现出对学校的强烈恐惧,让他去学校仿佛要让他上断头台,让父母非常头疼。

孩子之所以对学校如此恐惧,一定是他内心积累了太多关于学校的会让他不安、恐惧的感受。父母可能会问:所有的孩子都在同一所学校里,为什么其他孩子没有害怕学校?这往往跟孩子的气质有关,还与父母尤其是妈妈的性格特点有关。

一个敏感多疑的孩子在人群中容易捕捉负面的信息。他总是难以信任别人,怀疑别人不友好。假如这样的孩子恰

恰遇上了一对整天询问孩子和别人相处的情况,拿自家的孩子和别人家的孩子对比,尤其是对比考试成绩的父母,就会变本加厉,让孩子产生沉重的心理负担。孩子每天去学校和同学待在一起就想到自己在哪个方面不如别人,就心生怨恨。孩子一天情绪都不好,回到家又被父母反复询问,越发焦虑,于是越来越讨厌去学校,越来越害怕去学校,直至彻底不去学校。

一个孩子发展到了不肯去学校上学,绝非一日之功,父母万万不可操之过急。任何让孩子明天就去学校的想法都是不切实际的。让孩子上学可能是个持久战,但是请放心,孩子不可能终身不上学。

孩子不愿去上学后,父母不要反复提上学这个话题,可以让孩子在家里安静一个星期,不要打扰他。父母可以买些有趣的书,让他随便看看;也可以求助班主任老师,让他来做一次家访,访问时主要向孩子表达的是班级同学都在问他为什么没来学校,大家都好想他。可以带上全班同学的问候贺卡,给予孩子鼓励。

几天后如果孩子还是不去学校,班主任可以安排几个同学和孩子通电话,告诉他学校里最近发生了什么事,大家最近在玩什么,让孩子对学校生活产生期待,跃跃欲试。

如果孩子还是无法走进学校,父母周末带孩子外出购物时可以故意绕到学校附近,让孩子看看学校,但父母不要跟他说有关学校的话题。这以后孩子就会自己提出要去学校了,一旦孩子提出明天自己要去学校,父母不要反应过度,要让孩子认为父母在这件事情上很淡定,一切都由孩子自己做决定。

在孩子不去上学的日子里,父母切忌不要请来七大姑八大姨,一遍遍给孩子讲去学校读书的重要性,不要让孩子感觉到,他不去学校父母就会很失望,甚至感到绝望,或者认为不去上学的孩子将来一定不会有出息。孩子小小年纪,正处在情绪低谷里,父母要拉孩子一把,同情他,理解他。孩子本人是很苦恼的,绝不会像其外表那样轻松愉快。可以说,这样的孩子整天都处在恐惧中,父母要体察这一点,真正接纳孩子。

从不在学校说话的孩子

小女孩玲玲从不在学校说话,从她进小学的第一天起,当别的小朋友主动找她玩,她会用眼神表达她的心思,她也会朝别人笑,但就是不说话。回到家的玲玲却是个说话正常的孩子。

这一案例不是个案。孩子为什么到了学校就不说话?这种特别的状态是怎么形成的?在玲玲这个案例中,我发现这与其家庭教育有关。玲玲是姐姐,有个比她小5岁的弟弟。妈妈大多数时候都会要求玲玲照顾弟弟,让着弟弟,因为她是姐姐。妈妈大多数时间是陪伴弟弟的,因为妈妈说玲

玲是乖女孩,能管理自己,而弟弟不懂事,需要时刻看管着。晚上妈妈陪弟弟睡觉,而玲玲是一个人睡的。在这样的家庭环境里,玲玲觉得自己不重要,弟弟才是更可爱的孩子。这样的心理主宰了玲玲,到了上学后,玲玲会把同学们看成比自己可爱的人,老师一定更喜欢他们,而不是自己。这个不重要的玲玲自然应该多闭嘴了。

一旦玲玲用不说话来证明自己是不重要的,她就难以再开口了。除非她不再有自己是不重要的这种心理状态,才有可能开口。

要让玲玲开口说话,一定要改变玲玲的家庭环境。玲玲的妈妈应该知道,玲玲的不说话和环境有关,要创设情景,让玲玲能体验到她是重要的。

玲玲妈妈后来做了很大的改变,她告诉弟弟:"你长大了要保护姐姐,因为你是勇敢的男孩,姐姐是女孩。"她还告诉玲玲,她是妈妈贴心的小棉袄,妈妈非常喜欢她。玲玲妈妈还买了上下铺的床,让她们姐弟睡在一起。周末的早上,让他们姐弟一起到爸妈的房间,挤在一张床上睡,紧密"联结"在一起。玲玲不久就开口说话了。

孩子如果不能说话,其心理状态都类似于玲玲这种状况,会认为"我是不重要的,我是不可爱的"。有的孩子甚至会有"我妨碍了别人"的认知。所以,孩子在学校里不能张口说话,原因要在家庭环境里找。不解除造成孩子心理问题的环境问题,是无法治疗孩子的心理疾病的。

小学生的内心十分脆弱,如果外界的压力过大、伤害过大,他们往往会把自己的心灵关闭起来,自我保护,以减轻压力。孩子一旦发展到了不说话的地步,其各方面的发展都会受到阻碍,绝不可小视,一定要找到心理治疗师,尽快帮助孩子走出困境。

总在学校摸生殖器的孩子

小学生有时会坐在教室里摸自己的生殖器,男孩或女孩都有这样的情况。老师发现后往往会制止他们,但常常没有用。

学校里的老师为了制止孩子摸生殖器的行为,会刻意打断他们,比如让他们站起来解答问题,以分散他们的注意力。可是没过多久,老师发现他们又开始摸了。于是老师十分苦闷,告诉父母,孩子恐怕有心理问题,需要找心理治疗师。

其实,小学生摸生殖器一开始是不自觉的动作,往往发生在孩子精神压力很大的时候,这是孩子释放压力的一种途径。经常触摸使得孩子习惯于通过这一途径来释放压力,久而久之就成了习惯动作,如果不摸,孩子会烦躁、不自在。

要解决孩子的这种问题,父母需要找到孩子的压力源。压力可能来自学业负担、师生关系、同伴关系、母亲的恶劣情绪等。找到压力源后就要消除给孩子压力的各种不利因素。要知道,压力是环境给的,是人给的,消除环境压力的过程通

常是一个系统调整、改善的过程。比如在夫妻长期不和的家庭中,孩子心灵上的压力就很大。如果夫妻经常发生"战争",孩子内心就会惶恐不安。试想:两个保护他的人在那里自相残杀,他该怎么办?谁还来保护他?如果是这类情况,就要解决夫妻关系的问题,和治疗师深入地探讨夫妻关系恶化的原因是什么,促成一对心理上很幼稚的夫妻成熟起来。

也有可能孩子的压力是来自学业负担,比如孩子资质一般,但父母有很高的要求,让孩子承担了超过其能力的学习与训练。例如有个孩子,他妈妈给他周末报了两个奥数班,两个班的老师都会布置作业。孩子做每道题都觉得很痛苦,但是妈妈总是告诉他,奥数对于小升初有多么重要。孩子学得苦不堪言,到了四年级,就出现了上课摸生殖器的行为。如果这个孩子的妈妈不减少其课外学业压力,孩子的不良行为就不会消失。

还有的小朋友由于心理幼稚,尚未摆脱自我中心阶段,遭到其他小朋友的排斥和欺侮,也会出现这样的行为。父母要和老师取得联系,详细了解孩子在群体中的表现。在家庭中要改善教育环境,不要让孩子处于中心位置,要让他承担一些能承担的责任,帮助他尽快成熟起来,使其能获得同龄孩子的尊重。

总之,当小学生出现摸生殖器的行为时,老师和父母不必大惊小怪,另眼相看。相反,要格外关怀孩子,多安抚他的情绪。进行家校沟通,一起找到孩子的压力源,让孩子从困境中走出来,他摸生殖器的行为自然就消失了。

孩子患了抽动症

抽动症是儿童中较为常见的一种障碍,大多数抽动症是短暂性的。父母要正确面对,积极治疗。

好好的一个孩子,不知为什么总是挤眉弄眼、耸肩扭脖,有的时候发出无意义的声音,或者重复别人说的话,甚至说脏话。父母不时提醒,甚至责骂,但都没有效果,最终发现这是孩子不自觉的、不受控制的行为。等到父母带孩子去医院,被诊断为抽动症时才知道孩子患了心理疾病。

目前报道,约5%—20%的学龄儿童曾有短暂性抽动障碍病史。男孩易患抽动症。该障碍病因复杂,可能是遗传因素、神经生理、神经生化及环境因素等相互作用的结果。患了抽动症,需要寻求专家的帮助,必要时要服药。除此之外,还需要配合进行心理治疗。

人是身心合一的,身体的状态会影响心理状态,心理状态同样会影响身体状态。比如一个长期处在紧张状态中的孩子,就可能发生抽动。

什么样的孩子会长期处在紧张的状态中,从而引发了抽动症呢?最常见的情况是,母亲焦虑不安,用威逼的方式对待孩子,孩子待在母亲身边身心都无法放松。这种母亲对孩子过于苛刻,要求孩子做到最好,达到一种极致的状态。偶尔孩子做到了,她就认为孩子是可以做到的,于是层层加码,逼迫孩子,希望孩子永远处在这种状态中。殊不知,偶尔为

之不代表能永远为之。有时候,偶尔能做到代表的是一种应激状态,就像一个跳高运动员跳出了世界最好成绩,那是应激时的反应,天天让他跳出这个成绩就很不现实。孩子无处可躲,只能通过多余的动作释放压力。

我曾见到一个小男孩,他妈妈要求他必须考前三名。这个男孩从一年级起就被这样要求,孩子确实够聪明,一开始就是班级前三,但到了小学六年级,孩子突然出现了严重的抽动,每隔几分钟喉头就发出叫声,根本没法待在教室里上课,于是只能休学。

孩子的妈妈是个从三线城市迁移到一线城市里的全职太太,家庭之所以做这次大迁移就是为了孩子的学习,妈妈失去了职业也是为了照顾孩子。这个妈妈整天想的就是孩子的学习,整天讲的也是孩子的学习,只要孩子一回到家就问学习的情况,不停地提醒孩子考试的日期,孩子在精神上不得安宁,终于崩溃了,成了抽动症患者。

这类由于母亲焦虑导致孩子紧张,进而造成抽动症的案例不在少数,解决这类孩子的问题除了要吃药,还需要进行放松训练,增加日常活动,包括按摩、泡温泉、旅游等。当然,更深入的治疗是消除母亲的焦虑症状,调整母亲的认知,改善孩子的精神环境。要让母亲意识到,她才是孩子疾病的根源,她也是孩子的解药。

还有些孩子由于行为控制能力差或学习能力差,经常挨老师的批评。一旦老师向父母投诉,父母又会严厉责骂孩子,这使孩子始终处在紧张的状态中,精神始终不得放松,久之造成了抽动症。但凡父母接到了老师的投诉,不要抑制不住自己的愤怒,立即宣泄情绪,向孩子施压。父母要想想,孩子在学校里已经被老师批评了,心里肯定不好受,父母此刻就不要雪上加霜了。过后可以这样对孩子说:"老师说你有进步,但是还有些小缺点,改了就好了。"

对于学习能力差的孩子,父母要注意,他们在学校里挨的批评实在太多了,孩子已经承受了压力。而学习能力又不是一下子就能提高的,父母一定要有耐心,保护好自己的孩子,用正面的、鼓励的话与孩子交流,告诉他:"你是很有潜力的。读书是一场马拉松赛跑,过程很长很长。你慢慢跑,没事的,妈妈会帮助你。"

也有些孩子的抽动是由恐惧和紧张引起的。例如父母彼此攻击,提出分手,孩子万分害怕,等待着楼上的第二只靴子掉下来,紧张不堪,出现了抽动。

夫妻战争一定要顾及第三方——孩子。告诉孩子,父母都是好人,但是两个好人不一定能在同一个屋檐下生活。父母虽然决定分开,但是孩子永远是父母的宝贝,这一点不会改变。分开后,孩子同样可以见到爸爸妈妈,这样孩子的内心就不会猜忌、恐惧。

既然抽动症是长期紧张的产物,父母就应该注意到,不要让孩子处在紧张之中。小学生稚嫩的心灵是无法承受长时间的紧张的。

一旦孩子患了抽动症,父母就要探讨抽动发生的心理机制,消除形成病症的环境因素。要帮助孩子放松,辅以药物,

孩子会慢慢恢复的。还有，万不可盯着孩子，反复指正，如不要眨眼睛，不要出声……过多的提醒反而会强化抽动行动。如果孩子实在抽动得太厉害，可以转移其注意力，比如叫他去拿一件东西，或者给他讲个笑话。

对性萌生兴趣的孩子

幼儿阶段甚至包括小学阶段，孩子会在某个时期对自己的性器官很感兴趣，常常摸自己的性器官，或者互相看对方的性器官，这是因为他要搞清楚自己的性别特征。

有时候父母会发现一些幼儿经常摸自己的性器官，这很正常，不必大惊小怪。父母可以做的是，转移他的注意力。孩子最大的需求是玩耍，父母要让他去游戏，去玩耍，孩子自然就会减弱对性器官的兴趣。

如果孩子萌生了很强烈的兴趣，父母也可以做合理的性教育。幼儿的性教育该怎么做，做到什么程度，一直存在着争论。对父母来说，可以去买关于幼儿性教育的绘本，根据绘本合理讲解和安排。有效的性教育可以让孩子在青春期时不再强烈地探索性知识，因为在幼儿阶段这个问题已经解决了，可以很自然地过渡。

有的孩子到了小学阶段，对于媒体上带有一些性色彩的画面，比如拥抱和接吻，会表现出很大的兴趣，会模仿。小男孩甚至会在学校里抱住小女孩,叫她老婆,并亲吻小女孩。父母和老师看到之后也不用太上纲上线,这就是一种模仿。老师若把它看成很严重的事情,告诉父母,希望父母能和老师讨论这个问题,让老师在这件事情上与父母合作。这样大惊小怪会吓到孩子,因为这个年龄的孩子并不真正理解性,如果将它上升到品质问题,会让孩子很困惑,不明白大人为什么对这件事这么在意。

父母可以做的是,回到家后找到机会适当地给孩子进行性教育,态度要自然和坦诚,不将这件事情看得很严重,孩子以后就会逐渐减少对性的关注。过于重视反而会形成负面强化,让孩子以后对性有更大的兴趣,这样才会产生更大的麻烦。

让左撇子有个愉快的童年

有些孩子是左撇子,用左手写字、拿剪刀、拿筷子等。父母担心孩子成为另类,生活不便,会去纠正孩子,这反而让孩子很难受。

左撇子又称"左利手","利"指的就是一个人惯用的那只手。左撇子并不是因不良习惯造成的,而是遗传所致。

如果父母不能很好地理解左撇子这一现象,将它看成一种很不好的习惯,要去纠正,就会让孩子产生负担,让孩子以

为这是很不好的,与自己的天性作斗争。这样当然不会有轻松的童年。

首先观念上要明白,这是由基因决定的。用右手和用左手是一样的,并没有区别。如果我们有这样的认识,就不用态度强硬地纠正孩子的左撇子。有时候,可以看到孩子刚拿起笔,妈妈就喊"换右手",让孩子总处于焦虑中。孩子上学后,父母也要去找老师,让老师不要纠正孩子的习惯。很多孩子左手用得好,右手也会用,但是用右手的人往往不会用左手,孩子反而更有优势。

如果班里只有自己一个人是左撇子,孩子可能觉得自己很另类,父母可以幽默地对待这件事,告诉孩子,"只有你可以左右逢源,多厉害",让孩子有得意感和自豪感,不要产生自卑感和另类感。如果父母能够如此认识左撇子现象,家里的孩子就不会因此而丧失快乐的童年。

在这个问题上,需要父母有正确的认识,需要父母切实有效地保护孩子。

有书写强迫症的孩子

开始学写字后,有些孩子对自己要求很高,写的字有一点不满意的地方就擦掉,结果写了擦擦了写,最后纸都擦破了,不得不撕掉整页作业,似乎患上了书写强迫症。

一个孩子如果这样写了擦擦了写,会越来越焦虑,越来越痛苦。

父母如果看到这种现象,心里要明白,强迫症源于长期的紧张和焦虑。父母要探索孩子的紧张源是什么。

一个可能是老师对书写要求很高,曾经表扬过孩子的书写,或者曾经严厉批评过孩子的书写,造成孩子对书写有非常高的要求。若是这种情况,父母可以找老师谈一谈,将孩子的现状告诉老师,让老师对孩子的书写网开一面,不管他写得怎么样,都不要对孩子的书写提质量要求。如果是父母觉得孩子书写不好,对孩子提出非常高的书写要求,从此之后父母就要放松标准,你可以想一想,未来谁还会大量写字?当今这个时代,书写的机会越来越少,未来大家都是电脑操作,书写会变得越来越不重要。

另一个可能是孩子有强迫症,其症状体现在书写上。也就是说,老师和父母都没有表扬或者批评孩子的书写,只是孩子自身有强迫症状。孩子有了强迫症状,可能是生活中有让他长期紧张的事情。父母要去找孩子长期紧张的原因,例如父母关系长期不好,生活中有压力事件,等等。父母的关系长期紧张,会造成孩子很焦虑,形成书写的强迫症状;或者孩子一直换环境,来回转学或搬家,使孩子有不断适应环境的压力,变得越来越紧张;再或者,孩子的压力可能来自学习成绩,父母对成绩太在乎,孩子对此感到很紧张,于是出现强迫症状。

父母要做的就是解除孩子的紧张,在认知上纠正他歪曲

的认知。也要帮助孩子学会放松,因为这类孩子往往身体上很难放松,可以带他去旅游,到有沙子的地方,让他在沙滩上打几个滚;或者给他按摩,让他找到身体放松的感觉,解除紧张感。如果孩子的紧张来源于学校,父母还要与学校联系,告诉老师孩子目前的症状,希望老师不要给孩子制造精神压力。老师可以和父母联手,解决孩子的书写强迫症。

第八章

帮助孩子渡过心灵危机

小学生最基本的心理危机就是恐惧。一旦孩子内心处在恐惧中,行为就会出现问题,因为孩子没有能力用语言完整表达自己的内心感受,他们的心灵危机往往通过问题行为表现出来。

被恐惧控制时,孩子遭受的伤害是全面的。

从生活中的表现来看,恐惧会让孩子出现遗尿、睡眠紊乱、心神不宁等现象,甚至影响身高及发育。有这些生理问题的孩子通常难以获得好的学业成绩。

从情绪来看,恐惧会使孩子烦躁、焦虑、紧张,心灵难以安定,课堂上无法安心听课,从而导致成绩每况愈下。

儿童认知水平有限,他们不能理解自己面临的困境是怎样产生的,更不能预测未来会发生什么,尤其不知道发生后自己该如何做,所以若没有成年人的帮助,他们一旦陷入恐惧,就会越陷越深。到了一定程度,儿童为了自我保护,就会把自己"封闭"起来,把恐惧压抑下去,选择性遗忘,出现退化行为。

小学阶段的孩子如果长期处在恐惧中,轻则影响孩子的人格发展,重则可能导致精神类疾病。

什么事物会让一个小学生恐惧?包括以下这些:看到

了非常可怕的场景;遭遇自然灾害、意外伤害、亲人死亡;被父母抛弃,父母互相伤害;到一个全新的、没有一个认识的人的环境里;妈妈恶劣的情绪;受到同伴的欺凌;学习困难,被老师指责,等等。

如果孩子正在应对使其恐惧的事情,父母要高度重视。当感受到孩子内心的恐惧时,父母要站在孩子一方,让孩子感觉到父母是自己强有力的保护者,天塌下来父母也会帮自己顶着。一旦孩子受了创伤,要及时帮助孩子治疗创伤。

一个人童年的阴影往往会伴随一生,它让人记忆深刻,挥之不去,会使人格扭曲。父母要切实保护好孩子,少让孩子被恐惧伤害。保护好孩子童年时期的心理健康是家庭教育的重要任务。

当孩子遭遇了可怕的创伤

孩子的心智不够成熟,承受能力差,遇到创伤性事件时很难自我调节,需要父母的悉心照顾与帮助。

如果孩子遭遇了可怕的创伤,超出了孩子的承受能力,就会出现创伤后应激反应,甚至形成创伤后应激障碍。例如,一个孩子早上坐在爸爸的汽车里目睹了一辆助动车被卡车撞翻的全过程,助动车车主躺在地上,无力起身,满脸血污。当时这个孩子就全身发抖,好不容易在爸爸的安抚下镇定下来。但之后这一场景在孩子的脑中反复出现,挥之不去。父母发现孩子出现睡眠障碍,清晨天还没亮就会醒来,晚上入睡前开始重新让妈妈陪着自己睡,或睡着的时候磨牙、做噩梦。老师反映他开始上课发呆,数学成绩也下降了。这个孩子就患了典型的儿童创伤后应激障碍。

儿童创伤后应激障碍具有长期影响。儿童应对创伤的能力也是不同的,对于创伤性事件,有的孩子抵御力更强些,更容易恢复;有的孩子就弱些,难以自行恢复。

如果孩子经历了创伤性事件并出现了应激障碍,父母要给予孩子积极有效的帮助。具体做法如下:

一是父母要有正确的反应。孩子对父母的反应尤其敏感,父母不要表现得不能自持,要给孩子看到父母情绪安定。要坦率地告诉孩子,这是一个不幸的事件,并强调父母有能力应对这样的事件,让孩子觉得自己的父母是强有力的。如

果孩子反复讲自己看到的场景,父母既不要鼓励也不要阻止,要淡定地面对。

二是父母要安抚孩子并给予支持。孩子如果说自己害怕一个人睡,需要妈妈陪着睡觉,妈妈就去陪伴孩子,跟孩子多聊聊天,各类话题都可以聊。如果孩子向妈妈讲那个可怕的创伤性场景,妈妈可以拍着孩子的背,告诉他:"爸爸妈妈在你身边,你什么都不要怕。"然后妈妈要换个话题,尽可能谈一些有趣的、让孩子好奇的话题。

三是给孩子提供更广泛的社会支持。孩子的老师、亲朋、同学在孩子经历创伤后要给予孩子关心与温暖,父母要让孩子多跟其他人交往,尤其是跟同伴一起玩。同伴游戏是孩子治疗创伤非常好的一味药。而广泛的社会支持让孩子不那么关注创伤性事件,体会到强有力的心理支持,觉得自己并不会独自面对压力,这样可以削弱孩子的恐惧感。

四是拓展孩子的生活内容。在孩子经历创伤后,父母要给孩子安排更多的生活内容,开心的、欢乐的活动能够把孩子从恐惧的回忆中拯救出来,特别是户外活动,对孩子缓解恐惧很有利。不要让孩子呆坐在家里,可以带他去各种展馆、游乐园或朋友家中玩,也可以外出旅游。

帮助孩子面对亲人的死亡

亲人的死亡对任何人来说都是件悲伤之事,很多人会陷入情绪低潮,难以自拔,被痛苦压垮,小学生更是如此。

一个小学生面对亲人的死亡,往往会陷入困境,通常会有下列几种表现:

一是不停地问关于死亡的问题,而这类问题无解。对于这类问题,父母回答起来很困难,有的父母会语塞,只强调不要胡思乱想,可孩子还是控制不住地要想。小学生沉浸在这类问题中时常会莫名伤感,影响情绪。父母可以这样对孩子说:生死问题是个最大的问题,人的一生就是来探讨这个问题的;因为有死亡,所以人会活得更积极;生和死是对立的,一想到有一天大家都会死,就更要好好地活着。

二是孩子很自责,觉得都怪自己不好。例如,一个男孩的妈妈患癌症死了,他在心中不断地自责,认为是自己不够乖,妈妈才会生病的;要是自己足够乖,学习成绩足够好,妈妈就不会生病。于是他深感抑郁,学习越来越没动力。家庭中所有的人都要注意到孩子的这种负面的、错误的认知,一定要转变他这种自责性的观念,告诉他人会生病原因很复杂,和别人没有关系。要让孩子知道,他是妈妈最爱的人,妈妈在天堂里想到他都会开心的。

三是压抑痛苦,不表达痛苦的情感。例如,一个女孩的父亲因车祸去世,亲朋好友看到女孩似乎并不悲伤,依旧是

一副没心没肺的样子,追悼会上既没有哭泣也没有什么伤感的表情,在学校里跟同学嘻嘻哈哈、打打闹闹。大家往往会觉得这个女孩实在不像话,难道她对自己的亲生父亲没有感情?实际上,这样的孩子往往是痛苦到了极点,怕自己崩溃,本能地自我保护,把痛苦深深地埋藏在心中,用一副没心没肺的样子来防御,让自己不去正视那不能正视的痛苦。面对这样的孩子,一定不能呵斥指责。最好能让她彻底地大哭一场,把情感正常地宣泄出来。不然孩子的压力实在太重,小小的人儿是要被压垮的。

四是深深的伤感,无法摆脱内心的伤痛。例如,一个男孩从小由奶奶带大,祖孙俩感情很深。后来奶奶突然因脑溢血去世,这个孩子一蹶不振,每晚睡觉就想着奶奶,淌眼泪。上课也无精打采,还经常朝父母发火。这是孩子在最亲密的人去世后常有的现象,有的孩子会难以摆脱内心的伤痛,这种情况甚至会维持好几年。对于这样的孩子,父母不要让孩子立刻远离原来的环境,要适当地保留一些奶奶用过的物件。奶奶空缺的位置要有人补上去,让孩子感到他并不孤单,周围的人都像奶奶一样重视他,只是以前奶奶在时他没有注意到。慢慢地,孩子就会走出困境,重新开朗起来。

总之,对小学生来说,生死问题还不是他们能面对和理解的。当孩子最亲密的人去世后,孩子所受的打击是相当大的。父母在自己哀伤的同时,要关注和保护好自己的孩子,让他们在最消沉的时候得到关怀,从恐惧中走出来。

当家庭出现重大变故

一个家庭出现了重大变故,最受冲击和伤害的往往是孩子。

家庭出现了经济危机,如父母下岗了或者做生意失败了;单亲的妈妈找到了再婚的对象,要重组家庭了;妈妈生了个小弟弟,要增加新人口了;爸妈离婚了,爸爸搬了出去……这些重大的家庭变故一旦发生,孩子就会有强烈的心理反应。

在家庭发生重大变故时,父母往往自顾不暇,忽视了孩子的心理反应。孩子通常是躲在一旁,看着父母的忙碌与争吵,心里很害怕。他们听不到父母全面的解释,只听到只言片语,看到父母慌张不安的神情,会认为要大祸临头了,整天惶恐不安。

当家庭出现重大变故,父母在忙着处理事情的时候,别忘了关心你的孩子。父母可以和孩子好好谈谈,用他听得懂的话告诉他家里发生了什么变化,以后会有什么样的调整和改变,并且告诉孩子,生活就是这样的,经常会出现变化,有些变化是自己希望发生的,有些变化是被动面对的,但任何事情都有好的一面和不好的一面。不管发生什么变化,我们都要勇敢面对,这就是父母的人生态度,希望孩子也和父母一样。

现在最常见的变故就是妈妈怀孕了,又要生宝宝了。面对这一事件,孩子内心波澜起伏,他不知道来的会是弟弟还是妹妹。他会想象弟弟或者妹妹多么漂亮、多么可爱,然后

自己黯然失色,父母再也不会重视自己了。他会恐慌,情绪就变得不稳定,接下来就变"熊"了。总是不听话、不合作,不肯好好做作业,让人头疼。

第二个孩子来临之前,妈妈要做好老大的安抚工作。妈妈可以告诉大的孩子:"有了弟弟或妹妹之后,将来你们两个可以一起玩耍,一起商量事情,还可以互相帮助。你遇到麻烦时,弟弟或妹妹就会来帮你;弟弟或妹妹有困难时,你也会帮他,这样你们的力量就很强大了。你是妈妈第一个孩子,妈妈生再多的孩子,你都是最重要的那个。现在你要做妈妈的好帮手,帮助妈妈照顾弟弟或妹妹。"

这样的安抚对老大十分有用,孩子会配合,做好妈妈的小帮手。妈妈也要常跟孩子谈谈肚子里的老二怎么样了,或者征求老大的意见,该给老二买什么样的衣服。这样老大迎接老二的心态就会好起来。

父母要离婚了

父母已经预先跟孩子说了离婚的事情,但真的面对从此家里没有爸爸或妈妈的日子,孩子还是难以接受这个变故。

爸爸或妈妈要离开了,因为他们离婚了。人前可能孩子并没什么特别的表现,晚上他会躲在被窝里哭,上卫生间他会躲在里面哭,觉得自己多么不幸,觉得留下来的妈妈或爸爸多么不幸。尤其是女孩,她们比较敏感,会格外伤心。

婚姻中的一方离开后,留下的那一方也会面临重大变故带来的冲击。尽管离婚可能是其中一方主动提出来的,但这毕竟是重大的变故,这些日子留下的一方的情绪非常重要。假如留下的是妈妈,妈妈的情绪波动有多大,孩子受的影响就有多大。如果妈妈感觉很痛苦,那孩子的情况就会很糟,不久老师就会向妈妈反映孩子在学校里的糟糕表现。往往此刻的妈妈缺少理智,会严厉呵斥孩子,把自己近期的负面情绪宣泄到孩子身上,这样孩子就会更受伤害,感觉自己无依无靠,孩子的情绪、行为会有什么样的变化就可想而知了。

一方离开后,留下的那一方要尽快调整好自己的心态,这是你自己选择的生活方式。新的生活开始了,要以一种积极的心态去迎接新的生活。面对孩子,爸爸或妈妈要显得内心有力量,因为两个保护人中的一个不在身边了,留下的那个其实要承担两个人的力量。孩子看到爸爸或妈妈的精神状态是积极的,就会受到影响,慢慢接受新的生活。

一方离开后,孩子很想跟留下的那一方谈离开的爸爸或妈妈,但孩子怕影响父母的情绪,会欲言又止。爸爸或妈妈要留意孩子的情绪波动,主动问孩子是不是想离开的人啦。例如妈妈要告诉孩子:"爸爸虽然离开了这个家,但这只是爸爸和妈妈分开,爸爸还是爱你的,这一点永远不会变。父母爱自己的孩子是会爱到天荒地老的,不论身处何方,都会爱着你。"妈妈如果觉得孩子太想念爸爸,要安排孩子跟爸爸一

起活动,让孩子去体会爸爸爱他一点都没有变,而且更爱他了。

　　婚姻中的一方离开后,留下的那一方切忌跟孩子谈对曾经的伴侣的负面感受。现在家里只有两个人,有些妈妈很容易把孩子当成倾诉的对象,尤其是面对女儿时。在孩子面前说太多关于父亲的负面的感受,会让孩子处在两难的境地之中。本质上,孩子都是会为母亲而牺牲的(我们有误区,以为只有母亲会为孩子牺牲),但父亲是他生命的赋予者,他是跟着母亲一起来否定父亲呢?还是站在父亲一边维护父亲呢?切莫让孩子做这样的选择题。

　　但凡父母离异后,留下的一方反复在孩子面前讲对方的坏话,孩子就很难顺利发展,内心难以阳光灿烂,会天天被阴影笼罩。所以明智的父母在其中一方离开后,会在孩子面前说对方的好话,让孩子理解:两个好人未必能在一起过好日子,父母分手了,但依然爱你。

　　婚姻破裂后,留下的一方责任重大,最大的任务是保护好自己孩子的情绪,不让他因父母离异而受伤害。如果留下的一方缺失理智、情绪失控,到头来得到的结果会是:婚姻失败,养育孩子也失败。

留守孩子依然可以健康成长

　　留守儿童越来越多,他们终年不能与父母见面,只能随着爷爷奶奶或者外公外婆生活,很多孩子出现行为问题,遭遇心灵危机。

父母远离家乡外出工作,孩子和老人甚至亲戚一起生活,这样的孩子在国内不在少数。应让留守的孩子也维持内心的安定,顺利成长,这虽不容易,但并非做不到。

父母首先要明白:对孩子来说,父母的陪伴是最重要的。一个人幼小时不会说话,到了18岁开始离家外出,去读书或做其他事,真正能和父母交流的日子也就中间这么十几年。这是父母和孩子之间十分珍贵的十几年,父母不在孩子身边,其实是亏欠了孩子的。

面对被亏欠的孩子,父母该怎么做呢?以下几点是父母能做到的,也会对孩子有好处。

一是不能对孩子说:"我们打工就是为了你,之所以辛辛苦苦是为了给你创造财富,让你将来过得好。"这样说话很不公平。请问就算一个人不生孩子,他难道不需要去工作吗?不需要实现自我价值吗?父母把自己辛苦的原因都归结在孩子身上,会让孩子感觉他是个累赘,是妨碍父母的,来到世界上是让父母吃苦的。一旦孩子感觉到他是妈妈的累赘,不是宝贝,这个孩子的人生动力就消散了一半。要告诉孩子:"父母外出打工是为了寻找更好的发展的天地,是为了我们这个家庭过得更好,但内心很遗憾我们离得那么远,不能天天陪伴你。"

二是打电话或发短信问候孩子时,第一句话一定要说:

"妈妈和爸爸想你,你想妈妈和爸爸吗?"空间距离拉开了,心理距离一定要拉近;有时重要的不是空间距离,而是心理距离。当孩子知道爸爸妈妈每天都在想着自己,晚上都是看着自己的照片睡觉的,心里就是温暖的、美滋滋的。有些父母一拿起电话就说:"你这次考得怎么样?考得不好我回家收拾你。"这会让孩子愤怒,拒绝沟通,和父母就越走越远。而孩子不能跟父母心贴心,孩子的心理力量从哪里来呢?孩子将来就很难发展得好。

三是过年或过节回到家,不管孩子多调皮,父母不能动手打孩子。因为父母平时没有照顾孩子,就没有打人的资格。孩子挨打后会非常痛恨父母,他不会意识到他犯了什么错误,他就会认定,父母平时不陪伴他,见到他时又很不耐烦,是不爱他的。一个感觉自己不被爱的孩子,是不会有好的行为表现的,他各方面的表现都会让父母头大。还有,但凡孩子见到了久违的父母,都会兴奋难抑,会拼命地把父母的注意力吸引到自己身上,父母也要注意并理解到这一点。

四是寒暑假父母带孩子来自己打工的城市时,住的地方要挂上孩子的照片。孩子看到父母把自己的照片放在显眼的地方,内心的感受是:"爸爸妈妈把我放在心上,虽然我们不在一起,但就像一家人一样住在一起。"

五是父母回家,要表达对老人的感谢。不要挑剔老人哪里没做好,尤其是当孩子学习成绩不好时,不要责怪老人没管好孩子。孩子心里知道老人对自己的付出,看到老人委屈,孩子心里会难过。

被母亲抛弃的孩子

被母亲抛弃会是孩子一辈子的心理阴影,他的自尊遭受重大打击,甚至会质疑自己存在的价值。

人世间最惨的事,莫过于被母亲抛弃。离婚的时候有的父母互相推卸责任,谁也不要孩子;还有人因为跟丈夫过不下去,不管不顾,一走了之,把孩子给抛弃了。

一个人如果意识到,把自己带到世界上来的人是可以不要自己的,那就意味着全世界的人都可以不要自己,这个人的尊严受到了莫大的打击。这就是为什么母亲不能离开孩子。一个女人再苦再穷,哪怕讨饭,孩子都要带在身边。母亲对孩子来说是生命联结的意义。

离婚后,母亲走了。孩子会撕心裂肺地痛苦,也许母亲会对孩子说自己如何的无奈,孩子知道选择离开对母亲有好处,所以要让母亲离开去过好日子。可是孩子自己又太需要母亲了,他就会陷入情绪的深渊,感到害怕、紧张,有的孩子会陷入抑郁状态。

妈妈走了,接下来大多数孩子是由奶奶带的,这时候奶奶太重要了。奶奶要明白,从此自己的角色转换了,要强烈地意识到生活开始改变了,自己要肩负责任了。如果奶奶心情很差,老觉得自己很倒霉,老了儿子还弄出这些事情,后面的日子就不会很顺利。只有奶奶调整好了心态,积极地承担母亲的角色,用博大的母爱给孩子温暖,孩子才能健康成长。

奶奶要反复告诉孩子："你的妈妈很爱你,她是跟爸爸过不好才离开的;奶奶和爸爸太爱你了,所以把你留在我们身边。你放心,奶奶很有经验,一定会把你带好带大;奶奶跟你在一起,是越活越年轻的。"

奶奶要隔三岔五地向孩子说这类话,在孩子面前绝不讲妈妈的坏话。当孩子很想妈妈的时候,奶奶要抱抱孩子,让孩子找到替代的爱。

在妈妈刚离去的那段时间,孩子会行为混乱,学习成绩也会下降,奶奶和爸爸都要格外关怀孩子,安抚好他。要知道,孩子内心很痛苦,万不可责骂他,让孩子增添新的恐惧。

奶奶要让孩子知道,不管将来有什么变化,比如爸爸再婚,多个阿姨来家里,奶奶都会带好他,让他健康快乐地成长。

那些一走了之的母亲,走后再不联系孩子的话,这辈子就不要再联系他。这样的母亲对孩子的伤害是刻骨铭心的,将来如何解释都是苍白的。如果母亲是想念孩子的,将来要想办法和孩子联络,要暗中帮助孩子,在他重大的人生关头给予帮助。如果母亲决然地离去,不再要自己的孩子了,那么等老去的时候,未必能安心地过日子。

无奈转学的孩子

由于种种原因,孩子要转入另外一所学校读书了,父母做这样的决定时往往不太在意,觉得小学生在哪里读书都差不多。殊不知,转学会给孩子带来很大的压力。

小学生离开熟悉的环境,到一个全新的、全是陌生人的环境中,内心是恐惧的。所以父母做出让孩子转学的决定时,一定要知道孩子可能有的心理感受,不到万不得已,不要替孩子转学。

如果父母很无奈,非得给孩子转学,父母的做法应该是这样的:先跟孩子谈一谈目前遇到的实际困难,比如要搬家了,学校太远了,问问孩子上学的事情怎么办才好。然后询问孩子,如果转学,他更愿意去哪类学校,父母要尽可能找这样的学校。与孩子谈妥之后,父母再去落实转入学校的问题。

待学校落实了,父母要带孩子去新学校周围看一下,再去学校里面参观一下,把学校尽可能描述得好一些。告诉孩子,这个学校曾经有过的辉煌历史。

进入新班级的时候,父母可以邀请班主任做一次家访,让老师向孩子表示全班同学都会欢迎他的到来。班主任可以向孩子一一介绍班里同学的名字(有照片最好)和特点,着重介绍孩子未来的同桌的特点。

这些铺垫会让孩子对转校有期待的感觉,带着新鲜感和被欢迎的感受来到新学校。

第一天进入教室,老师最好让全班同学起立鼓掌欢迎新同学的到来,让孩子当着全班同学的面做自我介绍。这样孩子在心理上会很快融入班集体,不会感到新的同学冷落自己。

待孩子去了学校几周后,父母关心下孩子有没有交到朋

友。有朋友的话父母可以和其父母联系,邀请孩子的新朋友来家里做客。父母要热情款待孩子的朋友,让小朋友感到和你的孩子交往是受到父母鼓励的,小朋友和你的孩子的关系就会更紧密。

转学是无奈之举,处理得好和处理得不好,都会对孩子产生影响。有的小学生原本状态不错,就是因为转了学校,就像换了个人似的,从此一蹶不振。这种例子是很常见的,主要原因就是父母没有估计到转学这种事对小学生来说是很严重的事情,消除他们对陌生环境的恐惧感是不可忽视的。

老师要求孩子留级

有些孩子学习很困难,比如有读写障碍的孩子,常常跟不上同学的进度;也有些孩子听动协调能力发展得不够好,在低年级学习跟不上,老师可能会来找父母,让这些孩子留级。

如果父母知道了孩子要留级,务必要保护好孩子的心灵,不要让他受伤害。这毕竟是个负面事件,如果处理不好,影响会很大。面对孩子留级这一事件,处理措施非常体现父母的智慧。

当老师与父母商量时,父母要请求老师不要在全班同学面前宣布,也不要直接告诉孩子,因为父母要先为孩子接受这件事情做铺垫。父母不能突然告诉孩子他需要留级，或者让老师在全班同学面前宣布，同学们会把这个孩子当成另类，嘲笑他。

父母要告诉孩子：每个人的学习情况不同，有可能学一年效果不错，也有可能学一年效果不太好。如果效果不太好，可以重复一遍，再重新学一次。当一个孩子做得不好的时候，再来一次没有关系。很多事情做得不好，都可以再来一遍，学习也是如此。还可以说：我们重新来一遍是我们自己做的选择，因为我们觉得这样比较合理，比较好。什么样的选择对学习比较好，就可以做这样的选择。重新学一遍，基础会很牢靠，题目相对容易些，在班里容易做优等生。这样就可以帮助孩子正面理解留级这件事。

如果在父母不知道的情况下，老师已经在班里宣布了，父母一定要安抚好自己的孩子，因为这个时候孩子很脆弱、很伤心，内心缺乏力量。有些孩子会假装什么事情都没发生，有的孩子会加倍调皮，还有些孩子会做噩梦，半夜里惊叫。父母要给孩子情绪上的安抚，带他去平时爱去的地方，让他知道，当他陷入痛苦时，父母可以给予他情感上的支持，是保护他的。父母最好找到老师，让老师在班级里重新宣布一次，让老师告诉大家：重新读一遍书是个很好的选择，这并不是坏事。

孩子需要面对压力，因为他要去全新的班级重新适应。父母要预先告诉孩子，他会到一个新的班级，班里的同学很友好，都会接纳他。新班级的班主任要在全班同学面前告诉

大家,要来一个新同学,大家要欢迎新同学。父母可以带孩子去新班主任那里,让老师安抚他。

做好这些衔接工作,才能让一个孩子不至于被留级强烈打击。有的孩子留级后变得越来越糟糕,原因就在于衔接工作没做好,让孩子受到强烈伤害。

孩子被摸了敏感部位

校园性骚扰甚至性侵事件屡见不鲜,对孩子来说,这是件难以理解的事。事情发生之后,父母怎么处理至关重要。

如果孩子被摸了敏感部位,摸的人可能是同龄人,也可能是成年人。

首先,父母不要过分紧张,要观察孩子回家后的情绪反应,他是不是很恐慌,失去了安定的情绪。

如果是同龄人摸了孩子的敏感部位,孩子通常不会有强烈的反应,因为小学生没有太强的性别感,在一起打打闹闹时会无意中触碰到敏感部位。假如父母过分紧张,反而会让孩子恐慌,制造了孩子的不安情绪。

如果这样做的是成年人,孩子有可能很紧张,他带着这种情绪回到家,父母不要马上让孩子回忆事情经过。是谁做的,怎么做的,旁边有谁,告诉老师了没有……不要一个个问题抛给他,要先让他安定下来。至少要让这个孩子安安心心吃好饭,临睡前和孩子谈谈。如果孩子回家先和父母说起这件事,也要让他稳定情绪,然后再和他好好谈。父母如果表现得很恐惧,甚至说些"谁看到了?被人看到你就完了"之类的话,就会制造很大的问题。

父母与孩子谈这个问题时,要告诉孩子:"爸爸妈妈知道了这件事情,也知道你为这件事情很不高兴,凡是人遇到这件事情都会生气。现在事情既然发生了,我们要做的是学会如何保护自己。爸爸妈妈告诉你保护自己的方法,我们学会了就不会害怕这些事情了。"

父母要指导孩子如何保护自己,可以这样说:"任何一个异性,不管他是谁,你身上穿三角裤和小背心的部位是不可以碰的。如果他想碰,你要盯着他的眼睛大声说:'你要干什么!你走开,你不能碰我!'一定要盯着他的眼睛说,如果他的手已经伸过来,就要把他推开。遇到这样的人,要及时告诉老师。假如不在学校里,是在马路上遇到成年异性来摸你,就要赶紧告诉过路人,'这个人我不认识,他要摸我'。过路人一定会帮助你,会呵斥他,赶走他。只要你告诉其他人,那个人就会灰溜溜走掉。"

父母,特别是女孩的父母,一定要告诉孩子如何保护自己,避免性骚扰。对于这样的问题孩子很难有妥善的方法,也难以有很好的应对。不管事情如何发生以及程度如何,一定不能让孩子感到害怕,更不能骂他"为什么没有保护自己",这会雪上加霜。

这类事情发生之后,往往是父母的不理性造成了对孩子

的二次伤害,让孩子觉得自己做错了,是低人一等的。父母一定要小心,按照这些方法做,就不会有大碍了。

永远缺席的父亲

在孩子的生活中,父亲扮演重要的角色,他是孩子的玩伴和偶像。在有些家庭中,父亲是缺席的,对孩子的成长来说这是永远的缺憾。

在生活中父亲永远缺席,原因可能是丧偶,也有可能是孩子不认同父亲。

如果孩子的父亲不幸去世了,这对孩子会是沉重的打击,这个孩子会伤心到极点。伤心到极点的孩子的表现成人未必看得懂,比如,这个孩子可能会在追悼会上一滴眼泪也没有,也未必会用语言来表达自己多么想念父亲。有的时候成人不理解,认为这个孩子很冷血,怎么父亲去世了什么表现都没有,傻傻的。实际上,这是孩子极其伤心的表现。他为了保护自己,反而看起来像这件事情没有发生一样。

如果父亲永远缺席了,我们不要避讳这件事。所有事情一旦开始回避,往往会使问题更严重。妈妈可以告诉孩子:"爸爸去了天上,他最爱你,他会在天上看着你。你知道爸爸的希望是什么吗?"孩子会说:"爸爸希望我学习好!""爸爸希望我快乐,希望我和妈妈好好生活!"妈妈要让孩子知道:"我们一定会过得很好,因为天上有爱我们的爸爸看着我们。"
"如果可以做到爸爸期盼的事,爸爸就会在天上很安心。"

有些时候父亲缺席的原因是,孩子不认同父亲。这往往是因为父母离婚了,或者父亲长期出差不在家。离婚了不认同父亲是因为妈妈或者家里的其他人告诉孩子,离婚的原因是父亲做了错事,并阻止孩子与他联系。这个孩子了解的父亲的信息来自母亲及其亲朋好友,如果得到的都是攻击性的评价,都是负面语言,孩子就不能认同父亲。如果常年不来往,父亲就更没有机会与孩子发生联系。

假如这个孩子是男孩,他就缺少了做男人的榜样。他的榜样被母亲否定了,在成长过程中就会遇到问题。他会问自己:"如果我不做父亲这种人,我该成为什么样的人?"他的自我同一性开始混乱,这就是否定父亲带来的麻烦。假如这个孩子是女孩,她成年后难以与男性发展健康的关系。因此,母亲一定要在这个问题上高度理智,有什么样的智慧才有什么样的日子过。母亲要清醒地认识到,父亲是孩子的根,把根拔掉了,孩子就难以顺利发展。要塑造父亲正面的形象,告诉孩子:"爸爸和妈妈曾经很相爱,所以才有了你。只是在长期生活中,有些事情很难协调,比如爸爸觉得热,要开窗,妈妈觉得冷,要关窗。这种事情没法解决,才不得不分开。两个好人未必能过好日子。虽然分开了,但是我们爱你的心不会变。"母亲要让孩子定期去看父亲,和父亲互动。

如果母亲做得好,做到位,虽然父亲缺席,但是孩子同样可以成长得不错。面对缺席的父亲,母亲一定要给孩子帮助。

在学校里和同学打架之后

孩子在学校里和同学打架,因此受到老师的批评或者惩罚。老师可能打电话给父母,告诉父母孩子在学校表现不好,与人打架。父母此刻该怎么办?

发生打架之后,父母首先不要着急,要有耐心。先不要急着问孩子,今天在学校发生了什么,要忍得住,耐心等一等,让孩子主动和父母谈这件事。也许吃饭之前孩子不肯说,睡觉之前就肯说了。总之,最好等孩子主动说出来。

等孩子把事情叙述了之后,父母先要表达对其情绪的理解。发展到与人打架,孩子一定十分愤怒,这种情绪可能还很强烈。如果人的情绪不被理解,接下来所有的讨论都是无效的。一个人只有情绪被理解了,接下来的讨论才可能听进去。所以,父母首先要理解孩子的感受,然后进一步了解孩子的心灵是否受伤。比如,孩子觉得很痛苦,这件事情很难忘记;或者这件事情还没完,他要报复,因为那个人太不讲理;再或者他觉得老师很不公平,等等。

接下来我们要和孩子讨论的是:你解决问题的方法是不对的。妈妈可以这样说:"妈妈听明白了,你与这个小朋友打架是为了什么。但是在处理这件事情上,除了打架还有什么其他方法?"等孩子自己回答,然后和孩子讨论,有哪些方法可以采用。如果讨论完了,得出这件事情有两个处理办法,接下来就与孩子进行角色扮演。先是妈妈演被打的小朋友,孩子演自己;接下来倒过来,让孩子演被打的小朋友,妈妈演孩子。这样角色互换之后,孩子会有新的感受。他也会发现,有很多处理方法都比打架效果好。打架后两个人的关系变坏了,就没办法和同伴和平相处了。

孩子明白之后,还要告诉孩子,打完架之后坏的结果造成了,为了解决这个问题,应该主动与对方和解。可以告诉另一个孩子:"我们打架了,我们这样做是不对的。以后我不会再用这种方法,我们和解吧!"让孩子学会这些话。如果他很难说出这些话,也可以用角色扮演的方法,帮助他说出来。等他能够真诚地表达和解之意,打架的问题就基本解决了。

孩子上学之后,回到家父母也不要先问他,昨天打架的事情处理得怎么样了。也要等一等,看看孩子会不会先说。也许孩子会兴奋地告诉父母,他已经和同伴和解了,重新在一起玩了。这样就处理得比较圆满了,以后孩子遇到类似的问题也会妥善解决。

经历校园欺凌事件

目前校园欺凌事件频现,经历欺凌事件的孩子身心受创,常常出现心理问题,影响心理健康,甚至影响其人格发展。

现在校园欺凌事件经常出现,大多数还是阴性事件,比

如羞辱、讽刺、挑拨关系之类的事，少数是阳性事件，就是直接打人。

首先要界定一个概念，什么是校园欺凌事件。这个界定不是以发生的事情是什么性质的事情来界定，也不是以老师或者父母的看法来界定，真正界定事件是否属于欺凌事件要以被欺凌的孩子是否心灵受伤为界定。是否受伤要看孩子是否有应激性反应，比如夜里是否会睡不着，夜里是否会惊叫，是否会害怕去学校，等等。有应激反应，说明孩子内心受伤了，那他经历的事件就是校园欺凌事件。

比如，一个孩子将一把很肮脏的扫帚放在门上，小明推门进来，扫帚掉到了他的头上。小明说："谁做的？有病啊！"他骂完之后去写作业了，这件事情对他没什么影响。第二天，肮脏的扫帚又放到了门上，这次掉到了小红的头上，小红马上哭了，说大家欺负她，回到家也不愿意去上学了，很不开心，晚上睡不着。这件事情对于两个孩子意义就不一样。对于小明，就不是校园欺凌事件；对于小红，就是校园欺凌事件。

欺凌事件出现之后怎么处理很重要，操作要非常小心。处理得不好，会同时伤害两个小学生。所以，事情发生后，双方的父母都不合适去干预事件处理，也不适合直接见面，应该让班主任老师承担这件事情的处理工作。老师首先要了解孩子到底受伤了没有，可以去被欺负的孩子的家了解情况。但是，要注意不要把自己的判断加到孩子头上，比如班主任对小红说："这件事情没关系的，很小的一件事情而已！上次人家小明也被扫帚砸了，不是没事情吗？为什么你要这么激动哪?"班主任绝不能够这样说,他要向小红表示:"老师很理解你,你在这件事情上受了伤害,放扫帚的同学应该向你道歉。如果他向你道歉你要接受道歉哦,和解之后还是要好的朋友。"然后班主任老师再去找放扫帚的同学,告诉他,他的行为造成不良后果,小红很难过,所以他需要向小红道歉,请求她原谅。放扫帚的同学向小红道歉的时候老师要在场,他们和解后,老师要说:"老师真高兴,你们和解了!"还可以让两个孩子握握手,拥抱一下。两个孩子高高兴兴回到教室,这件事情就结束了。

这样操作的好处是:没有伤害两个孩子中的任何一个;缓解了小红的心理创伤,孩子从应激反应中恢复过来;两个孩子的关系没有被破坏。一旦孩子经历校园欺凌事件,父母要谨慎处理,与老师商量一下解决方案。

解决此类问题时,一定不要伤害两个孩子,不要解决了一个孩子的问题,却伤害了另一个孩子。因为他们都是小学生,心理都很脆弱。

天天争吵的父母

一对夫妻天天吵架,或者经常冷战,天天板着脸,家里气氛紧张,就会制造孩子内心的恐惧。

对孩子来说,父母是他们的保护人,现在保护人互相折

磨，互相残杀，会让孩子内心深感恐惧。恐惧会影响孩子的发展，甚至影响其身体发育，有些深感恐惧的孩子身高会比正常孩子矮，其学习表现也不如其他人。

孩子面对天天吵架的父母，内心会有羞辱感。因为孩子无法理解，怎么会是这样两个人把自己带到了世界上，不应该是两个相知相爱的人把自己带到世界上吗？把我带到世界上来的人，并不是相爱的人，这个问题会让这个孩子内心一直有羞辱感，自信心下降。有的时候父母不理解孩子为什么没有自信，老觉得问题出在孩子身上，其实有时候原因出在父母身上。

孩子还会因父母吵架而内疚，因为有时候父母吵架是为了孩子的教育问题，孩子会觉得，如果我做得更好，父母就不会吵架了。可是孩子也许做不到更好，这使孩子始终处于内疚中。孩子把能量消耗在内疚上，就更没有力量应对生活和学习了。

如果夫妻关系确实很糟糕，没有办法调整和改善，那就请父母坐下来，分析一下夫妻关系走到了什么地步。那些为了孩子争吵的父母，也坐下来想一想，孩子是不是争吵的一个借口，是否双方都有攻击对方的欲望，将孩子的问题当作挡箭牌。如果确实无法挽回，离婚也不失为一个解决办法。有些父母会认为，离婚会对孩子造成伤害，等孩子大了再离婚比较好。但实际上，离婚不见得会给孩子造成伤害。离婚后，夫妻双方和谐相处，尤其是妈妈，要保护爸爸在孩子心中的地位，把对方的形象塑造起来，让孩子知道父母只是无法生活在一起而已,这样孩子未必会受影响。如果不离婚,又天天争吵,孩子倒是会受很深的伤害。这样的孩子就像一直在等待那只要掉下来的靴子,靴子什么时候掉下来他不知道,总是处在紧张和焦虑中,怎么可能发展得好?如果夫妻总是如此,又不选择离婚,那么可以去找专业的婚姻治疗师,让专业人士帮助分析婚姻出现了什么问题,使夫妻双方共同成长,沟通方式变得更成熟,这样下半辈子的生活不是可以过得更好吗?

父母吵架之后临时性的解决措施是:妈妈如果感觉到,孩子受到了很大的伤害,就要在孩子面前表现出来,父母的吵架与孩子没有关系,吵架是父母观点不同引起的,是父母情绪没有控制好导致的。孩子看到母亲并没有受到严重的伤害,还能保持理智,吵架与自己无关,内心的痛苦就能少点。如果父母吵架很激烈,孩子全程旁观,希望过后妈妈去道个歉,让孩子知道父母只是吵架了。为什么要母亲去道歉?因为母亲会使孩子安心,如果母亲还能保持理智,看起来似乎在慢慢恢复,孩子就会逐渐安心。不然,孩子头上会笼罩着阴影,无心学习,出现各种行为问题,这个根源就在父母身上。

图书在版编目(CIP)数据

家有小学生:给烦恼父母的实用秘籍/陈默著.—上海:上海教育出版社,2017.7(2025.11重印)
(陈默老师家庭教育支招系列)
ISBN 978-7-5444-7728-4

Ⅰ.①家… Ⅱ.①陈… Ⅲ.①小学生—家庭教育 Ⅳ.①G782

中国版本图书馆CIP数据核字(2017)第184694号

责任编辑 金亚静
封面设计 陆 弦

陈默老师家庭教育支招系列
家有小学生
——给烦恼父母的实用秘籍
陈 默 著

出版发行	上海教育出版社有限公司
官　　网	www.seph.com.cn
地　　址	上海市闵行区号景路159弄C座
邮　　编	201101
印　　刷	上海叶大印务发展有限公司
开　　本	787×1092 1/32 印张 7
版　　次	2017 年 7 月第 1 版
印　　次	2025 年11月第23次印刷
书　　号	ISBN 978-7-5444-7728-4/G·6372
定　　价	28.00 元

如发现质量问题,请向本社调换 电话 021-64373213